PROFE

DOZE
SIMPLES
HOMENS

הושע

יואל

עמוס

עבדיה

יונה

מיכה

נחום

חבקוק

צפניה

חגי

זכריה

מלאכי

Doze simples homens
Estudos nos Profetas Menores
por Fernando Garcia Leite
© Publicações Pão Diário, 2021
Todos os direitos reservados.

Coordenação editorial: Adolfo A. Hickmann
Revisão: Dayse Fontoura
Coordenação gráfica: Audrey Novac Ribeiro
Projeto gráfico: Rebeka Werner

Dados Internacionais de Catalogação na Publicação (CIP)

LEITE, FERNANDO GARCIA
Doze simples homens: Estudos nos Profetas Menores
Curitiba/PR, Publicações Pão Diário
1. Vida cristã   2. Estudos bíblicos   3. Profecias   4. Antigo Testamento   5. Espiritualidade

Proibida a reprodução total ou parcial sem prévia autorização por escrito da editora. Todos os direitos reservados e protegidos pela Lei 9.610, de 19/02/1998. Permissão para reprodução: permissao@paodiario.org

Exceto quando indicado o contrário, os trechos bíblicos mencionados são da edição Nova Versão Internacional © 2013 Editora Vida.

Publicações Pão Diário
Caixa Postal 4190
82501-970 Curitiba/PR, Brasil
publicacoes@paodiario.org
www.publicacoespaodiario.com.br
Telefone: (41) 3257-4028

Código: WY579
ISBN: 978-65-5350-019-8

1.ª impressão 2021

Impresso no Brasil

AGRADECIMENTOS

Em 2012, tive a oportunidade de pregar uma série de mensagens nos Profetas Menores na Igreja Batista Cidade Universitária, em Campinas, hoje Igreja Batista Fonte, com o título de 'Doze homens com uma missão'. Se, por um lado, era eu quem estava ensinando, certamente essa oportunidade de estudar, ensinar e desejar ser ouvido me foi propiciada pela Igreja Batista Fonte, uma igreja que demonstra valor e apreciação pelas Escrituras. Assim, meu primeiro agradecimento, por me conceder tempo e amor pela Palavra, é para essa igreja, uma pequena parte do povo de Deus, mas que torna bem real a experiência de ser parte do Corpo e de ser pastor.

Agradeço à Karen Carreiro Zambelli, que, mesmo com três filhos pequenos, no período da pandemia, estando dedicada, ao lado do seu marido, Thiago Zambelli, à implantação Igreja Batista Fonte, em Paulo Afonso, encontrou tempo para fazer muito mais do que uma revisão. Ela trouxe a este livro uma forma agradável e compreensível — o que eu não seria capaz de fazer. Seguramente Thiago participou com ela deste trabalho. Muito obrigado a ambos!

Ao longo de minha história, Deus tem colocado pessoas que foram e são instrumentos dele para agir em minha vida. Por mais de 40 anos, tive o privilégio de estar casado com Jeane, a quem o Senhor chamou para si em maio de 2021. Sou grato pela inspiração em sua comunhão com Deus, sua dependência em Cristo para superar as suas dores e limitações e sua disciplina formidável nas questões espirituais.

Agradeço e declaro que somente a Deus seja a glória por tanto amor, paciência e tolerância comigo. Chegar até aqui é prova evidente do imenso amor, graça, compaixão, misericórdia e fidelidade de Deus. Pela beleza de Sua Palavra, que me fascina, e pela capacitação vinda dele, é que veio esta obra.

DEDICATÓRIA

Esta dedicatória poderia bem ser um agradecimento ao meu Professor Carlos Osvaldo Pinto, que foi tão usado por Deus para me tirar de tanta ingenuidade e superficialidade no estudo das Escrituras e dar algum polimento no seu aluno.

Conheci Carlos na minha adolescência, quando ele começava a sua formação ministerial. Durante meu período de graduação no Seminário Bíblico Palavra da Vida — SBPV, somente tive a oportunidade de ser seu aluno durante um semestre. Pouco estava preparado para absorver dos seus ensinos.

Lembro-me do tempo das aulas de Mestrado em Antigo Testamento, em que eu ia ao SBPV para fazer matérias como a dos Profetas Menores e notava que, com dez minutos em minha primeira aula do curso, eu já cruzara a fronteira entre o que ele conhecia e a minha ignorância. Tive o privilégio de sentar-me aos seus pés e dele aprender em classe. Tive o privilégio de poder ligar para ele e fazer perguntas sobre assuntos sobre os quais eu não tinha a menor ideia de como e onde obter respostas, mas que para ele parecia não haver dúvidas.

Muitas vezes, não tinha essa possibilidade de diálogo, primeiramente pelo fato de termos agendas e locais diferentes de servir ao Senhor e, mais adiante, quando ele tinha 64 anos, pelo fato de que aprouve ao Senhor levá-lo à Sua presença.

Carlos Osvaldo foi um daqueles homens que podem ser considerados insubstituíveis, não porque outros não possam fazer suas tarefas, mas porque ninguém o fará da forma como Deus o capacitou e formou. Agradeço ao Senhor pela oportunidade de ter aprendido com o COP, como era bem conhecido entre seus alunos.

Humildemente, e na expectativa de não o desonrar, dedico esta obra ao meu professor de AT, Hebraico e Teologia dos Profetas Menores, além de orientador, que assinava suas mensagens:

Na Graça e nas Garras do Leão
Carlos Osvaldo Pinto

Eu digo:

Do coração do Cordeiro
Fernando Leite

PREFÁCIO

Artemis Pinto
Carlos Osvaldo Pinto (*in memoriam*)

F oi-me dada a incumbência de escrever este prefácio como viúva do Prof. Carlos Osvaldo, professor, amigo e admirador do seu pupilo, Pr. Fernando Leite.

Durante os quase 41 anos de convivência com Carlos, eu ouvi inúmeras pregações baseadas nos cognominados Profetas Menores. Por muitas vezes, eu o paramentei para encenar os monólogos de Ageu, Habacuque, Jonas etc. Contracenei com ele na série "Pergunte ao Profeta", que apresentávamos em algumas temporadas da Estância Palavra da Vida. Pena que não havia internet naquela época e muito poucos gravadores e filmadoras. Estão gravadas na linha do tempo do meu coração e de tantos outros que ali estiveram.

Carlos "incorporava" os Profetas, enquanto mergulhava nas Escrituras.

"A Palavra em 3-D" — assim alguns ex-alunos se referem saudosamente às suas aulas.

Portanto, é com grande alegria que vejo seus ex-alunos, como o Pr. Fernando Leite e tantos outros queridos, continuando a carregar a tocha da Luz do Mundo, dando continuidade ao seu legado. Rogo a Deus que eles também possam transmitir esse amor pela Palavra às próximas gerações.

Artemis Fernandes Pinto
Viúva de Carlos Osvaldo, desde 15 de outubro de 2014.

SUMÁRIO

Introdução 11
   OSEIAS – O profeta do amor 15
   JOEL – O profeta nas calamidades 29
   AMÓS – O profeta com a última palavra 43
   OBADIAS – O profeta servo do Senhor 57
   JONAS – O profeta do bondoso soberano 71
   MIQUEIAS – O profeta de um Deus que condena e perdoa 85
   NAUM – O profeta e a justiça de Deus 99
   HABACUQUE – O profeta da perplexidade 113
   SOFONIAS – O profeta que trouxe esperança 127
   AGEU – O profeta que confrontou e encorajou o povo 141
   ZACARIAS – O profeta que lembrou o povo 155
   MALAQUIAS – O profeta porta-voz de discussões 169
Conclusão 183
Cronologia dos Profetas Menores 186

INTRODUÇÃO

> *Temos, assim, tanto mais confirmada a palavra profética, e fazeis bem em atendê-la, como a uma candeia que brilha em lugar tenebroso, até que o dia clareie e a estrela da alva nasça em vosso coração, sabendo, primeiramente, isto: que nenhuma profecia da Escritura provém de particular elucidação; porque nunca jamais qualquer profecia foi dada por vontade humana; entretanto, homens santos falaram da parte de Deus, movidos pelo Espírito Santo.* —2 Pedro 1:19-21 (ARA)

Temos tantas inovações a cada dia que acabamos desprezando o que é antigo e velho por considerá-los obsoletos e indesejáveis. Na tecnologia, à medida que se lançam novos produto e versões, os antigos perdem sua graça e relevância, quando não a funcionalidade. Quem quer um *iPhone* 6 nestes dias? Novos remédios são descobertos, cada qual com maior eficiência e menos efeitos colaterais. Para que os antigos? Eles são mais baratos, mas queremos o melhor. No campo das artes, a criatividade e técnica dos artistas nos surpreendem com sua inovação, beleza e perfeição.

É fato que muitas obras realizadas no passado longínquo ainda impressionam por sua beleza e qualidade, como palácios, esculturas, tecidos etc. Porém, elas estão em sítios arqueológicos ou em museus. Embora eu possa admirar um barco egípcio de quatro mil anos atrás, ele em nada se compara a um iate de nossos dias. As pirâmides me impressionam pela sua grandeza e pelo desafio que foi construí-las. No entanto, além de admiráveis, elas não têm funcionalidade alguma.

Por outro lado, na literatura há segmentos que se podem valorizar muito ainda hoje, dado o discernimento que trazem sobre quem é o homem e os sistemas que criam para representar sua sociedade. Entretanto, há também na literatura uma outra categoria que, por aludir a realidades tão distintas das de nossos dias, traz desafios para se entender o que ela diz e o que quer dizer.

Dentro dessa literatura desgastada pelo tempo, convido você a conhecer os Profetas Menores. Os Profetas dentro do ambiente das Escrituras, a Bíblia, são os instrumentos de um fenômeno conhecido como *profetismo*, um período de cerca de 1600 anos em que vários personagens apareceram no Antigo Oriente Médio e foram usados por Deus como instrumentos para, por meio deles, passar Sua mensagem ao público ao qual falaram.

A definição de Menores está relacionada especificamente ao volume de seus livros que, comparativamente aos Profetas Maiores (Isaías, Jeremias, que escreveu dois livros, Ezequiel e Daniel), são menos extensos. Os Profetas Menores viveram entre os séculos 9 e 5 a.C. em diferentes reinos, impérios e circunstâncias sociais e políticas. Alguns viveram em meio à prosperidade, enquanto outros em meio à calamidade, ruína, pobreza, indignação, perplexidade e sofrimento. Alguns tomaram conhecimento de questões internacionais; já outros estavam bem dentro dos limites de seu próprio povo. Nenhum deles teve muitos seguidores ou foi popular. Alguns foram ouvidos e acatados, enquanto outros completamente rejeitados. Alguém até poderia dizer que, não fora o fato de estarem dentro da Bíblia próximos a tantos livros mais populares e difundidos como a Lei, os Salmos e os evangelhos, eles já teriam desaparecido.

Lamento, mas devo concordar que, para os cristãos em geral, os nomes desses livros são conhecidos apenas por uma pequena minoria. Se levarmos em consideração a familiaridade do leitor com homens como Ageu, Sofonias, Habacuque e os demais, e com as suas obras, então restringiremos ainda mais o círculo de cristãos que realmente os conhecem.

Estes profetas e seus livros não permaneceram nas Escrituras por causa dos livros que são seus vizinhos. Eles estão nas Escrituras por serem obra de Deus e não de homens ignóbeis e ignorados. E mesmo que esses profetas sejam desconhecidos, sua obra ainda está presente pois, como diz Isaías: "Uma voz diz: Clama; e alguém pergunta: Que hei de clamar?

Toda a carne é erva, e toda a sua glória, como a flor da erva; seca-se a erva, e caem as flores, soprando nelas o hálito do Senhor. Na verdade, o povo é erva; seca-se a erva, e cai a sua flor, **mas a palavra de nosso Deus permanece eternamente**" (Is 40:6-8 ARA). Estes livros permanecem primeiro e principalmente por serem Palavra de Deus. Estes homens foram somente instrumentos e veículos de Deus entregar sua mensagem que, a despeito de passarem Terra e céu, ela nunca passará. Deus preserva Suas palavras e elas são relevantes a qualquer tempo.

Embora provemos de grande avanço na ciência e tecnologia, o que é um falso motivo de orgulho e confiança desta geração, o fato é que o homem não evoluiu em todos estes séculos. Inveja, ódio, ressentimento, ganância, falsidade, egoísmo e muitos outros problemas humanos não foram superados, por mais nocivos que sejam. Eles resultam da natureza de nosso coração corrompido desde a Queda de Adão e Eva. A solução definitiva para o coração do homem está em Deus, e estes profetas, que falaram da parte de Deus para o homem de seu tempo, são absolutamente contemporâneos, atuais e relevantes.

Certamente, faz-se necessário conhecer melhor a geografia, o estilo literário, a história, a língua hebraica e a cultura de seus dias para que possamos entender o que era facilmente entendido pelos contemporâneos dos profetas. Contudo, uma vez ultrapassadas essas barreiras, chegamos à sua realidade e temos um banquete à mesa. Eles foram Menores no tamanho da obra, porém são enormes na qualidade da mensagem, seja na arte de escrever, seja na beleza de suas mensagens, mas, principalmente, no confronto que fazem com o desvio do caminho de Deus.

Estes "Doze simples homens" colocaram seus pescoços em risco por confrontar poderosos e caíram no ostracismo por sua mensagem contrariar as tendências do coração pecaminoso e a sedução de homens obstinados. Nenhum deles alcançou a fama, nem teve popularidade, porém o que falaram é maravilhoso, alimento para a alma dos mais exigentes.

Nenhum dos Profetas Menores teria a aprovação popular que os mais curtidos e compartilhados de nossos dias alcançaram, mas eles não ficam devendo em nada para estes. Assim como sua popularidade e fama foram irrelevantes para si próprios, seguramente o estrelismo e popularidade dos profetas cortejados dos nossos dias também lhes seria irrelevante, bem como para seus ouvintes. É possível ter uma vida cristã sem a contribuição dos Profetas Menores? Certamente sim. No entanto, estes e suas mensagens podem nos levar à profundidade, qualidade e maturidade.

Vamos juntos nessa jornada pelos séculos 9 a 5 a.C. com estes "Doze simples homens" que, nas mãos de Deus e inspirados por Deus, trazem ainda hoje uma mensagem de valor inestimável. Vamos conhecer sua história, seus povos e suas mensagens. Vamos conhecer o que confrontaram e orientaram, sempre comunicando a bondade e o amor de Deus. Assim, daremos um passo rumo ao melhor da espiritualidade que podemos alcançar.

PROFETAS MENORES

OSEIAS
O PROFETA DO AMOR

A REVELAÇÃO DE UM DRAMA
O profeta Oseias viveu da metade do século 8 antes de Cristo em diante. Ele, provavelmente, profetizou entre os anos 755 a.C. e 710 a.C., sendo contemporâneo de pessoas de destaque na sociedade israelita, como alguns reis. Você deve se lembrar que, no tempo de Salomão, Israel era uma só nação que ia de norte a sul e que, depois dele, o reino foi dividido. Uma vez que esse reino foi dividido, ficou ao norte a nação de Israel, tendo Samaria como capital, e ao sul a nação de Judá, com a capital em Jerusalém.

É neste contexto que Oseias inicia o seu ministério. Ele começou profetizando no Norte, em Israel, e com o passar do tempo, diante do que aconteceu com a nação, acabou indo para o sul. Fez parte da vida do profeta falar sobre prosperidade durante o tempo em que viveu debaixo do reinado de Jeroboão II. Este rei governou por quase 30 anos (782 a.C. a 753 a.C.) e levou Israel a uma condição social e econômica muito elevada. Entretanto, a partir de 745 a.C., o rei da Assíria, Tiglate-Pileser III, começou a fazer suas incursões, que comprometeram muito a vida da nação e culminaram, em 722 a.C., com Salmaneser invadindo Israel, provocando a queda de Samaria e a expulsão do povo da terra.

Podemos dizer, então, que Oseias profetizou tanto na prosperidade quanto no caos socioeconômico que redundou no desterro e fim da nação de Israel.

RELIGIOSIDADE EM ALTA

Naquele tempo próspero, a religiosidade estava em alta e o povo vivenciava isso de maneira bastante intensa. Os templos estavam sempre cheios, assim como muitas igrejas evangélicas dos nossos dias. Entretanto, tanto naquela época quanto nos dias de hoje, isso não tinha grande significado. Havia um sincretismo e uma aceitação de uma série de verdades (ou inverdades) que não estavam dentro das Escrituras. O povo era de tal maneira sincretista, misturando uma coisa com outra, que podemos observar até nos documentos da época o quanto eles estavam com a mente tomada pelo paganismo.

Hoje em Israel você encontra nomes hebraicos que têm o componente "Deus" na sua composição. Por exemplo, muitos nomes têm a terminação *El*, que significa, justamente, Deus. É o caso de "Miguel" (aquele que é como Deus) ou "Rafael" (aquele que Deus cura). Outro exemplo é o nome do ex-Primeiro-ministro de Israel, Benjamin Netanyahu: em hebraico, *Netan* significa "presente" e *Yahu* é Yavé (Jeová). Ou seja, esse nome significa "presente de Jeová".

Da mesma forma, naquela época, muitos nomes eram compostos com nomes divinos. Porém, num documento em cerâmica chamado "Os Óstracos de Samaria", por exemplo, onde ficavam registros comerciais de venda de óleo e de vinho, dá para ver o quanto isso estava mudando. Nos muitos nomes de vendedores e compradores que ali aparecem, para cada onze que tinham nomes de origem divina, havia sete nomes compostos com Baal, o deus pagão cananeu. Então, ainda que alguns fossem adoradores e colocassem Deus em seu nome, ou no nome de seus filhos, havia também uma parcela significativa que colocava o nome de um deus pagão. Essa era a realidade que eles viviam naqueles dias e que, mais uma vez, se assemelha à atualidade. Afinal, quantas igrejas hoje têm práticas paralelas provenientes de ou inspiradas em religiões afro, por exemplo?

A HISTÓRIA DE OSEIAS E GÔMER

"Quando o S‍ENHOR começou a falar por meio de Oseias, disse-lhe: 'Vá, tome **uma mulher adúltera** e filhos da infidelidade, porque a nação é culpada do mais vergonhoso adultério por afastar-se do S‍ENHOR'. Por isso ele se casou com Gômer, filha de Diblaim; ela engravidou e lhe deu um filho" (1:2-3).

Quando lemos Oseias 1:2-3, entendemos o drama que é descrito dentro desse livro. Não creio que Gômer fosse uma adúltera ou prostituta até então, e sim uma mulher na qual Deus viu esse potencial. Por isso, mandou que o profeta se casasse com ela. Os dois se casaram, tiveram filhos e foi o próprio Deus quem escolheu o nome do primogênito: Jezreel (1:3-5). Este nome foi escolhido como uma referência a um fato ocorrido na história da nação não muito tempo antes. O rei Acabe queria comprar uma propriedade num lugar chamado Jezreel, porém Nabote, o dono da propriedade em questão, não quis vendê-la por se tratar de um sítio historicamente familiar. O rei apenas se lamentou, mas sua esposa, Jezabel, acabou montando uma trama cheia de mentiras que levou aquele homem, sem ter culpa alguma, a ser assassinado. Por conta disso veio o juízo de Deus sobre a casa de Acabe e ambos foram mortos de maneira cruel: cães lamberam o sangue do rei e comeram as carnes de sua esposa. E essa tragédia ainda estava viva na memória de Israel. O que Deus fez, então, ao colocar o nome daquele menino de Jezreel, foi algo semelhante a alguém nomear hoje o seu filho como "Treblinka" ou "Auschwitz", lugares conhecidos por serem terríveis e trágicos na história humana.

Depois disso, Gômer teve uma filha chamada Lo-Ruama (1:6-7; 2:4), nome mais uma vez escolhido por Deus. *Lo* em hebraico significa "não", e *Ruama* significa "graça, amor". Ou seja, o significado do nome é "onde não há graça ou onde não há amor". Ouso dizer, inclusive, que quando Deus ordenou a escolha desse nome, Ele estava dizendo que ela deveria se chamar Desgraçada. O fato é que Lo-Ruama não era filha de Oseias, e sim de um dos casos de infidelidade da sua esposa, e quando Deus falou para colocar esse nome, isso já estava sendo reconhecido. A mensagem era de que não haveria graça ou amor sobre aquela geração.

O terceiro filho de Gômer foi Lo-Ami (1:8-9; 2:4-5). *Lo* já vimos que significa "não"; *Am* em hebraico significa "povo" e o *i* no final do *Ami* é o pronome próximo ao possessivo "meu". Portanto, sendo o significado de *Ami* é "meu povo", quando Deus mandou colocar o nome no menino de Lo-Ami foi para significar "não é meu povo". De novo, este era um filho de uma relação adúltera de Gômer e, mais uma vez, era alguém que Deus dizia não ser da Sua família, do Seu povo, da Sua descendência.

Totalmente seduzida e entregue a este tipo de vida, Gômer segue com suas aventuras amorosas e abandona de vez o seu marido, a ponto de ele dizer: "Não é minha esposa!". Entretanto, quando chegamos no terceiro capítulo do livro, Deus dá uma nova ordem para Oseias: "Volte com a mulher e case-se com ela; restabeleça o relacionamento com ela". O texto nos conta que ele encontra sua mulher na miséria. Mais do que isso, lemos que, aquela que saiu de casa para aproveitar a sua vida, acabou por se tornar uma escrava! Oseias, então, compra Gômer da escravidão por 15 ciclos de prata, ou 180 gramas de prata, o que correspondia a cinco litros e meio de cevada. Cabe aqui dizer que naqueles dias um escravo valia trinta ciclos de prata, ou seja, o dobro do que ele pagou. Isso demonstra que ela estava desgastada, num estado deplorável, e eu ainda creio que este foi um preço caro. Por saber do interesse e da relação que o profeta tinha com ela, o vendedor deve ter aumentado bem o preço.

Que condição indigna a de Gômer! E, mesmo assim, Deus mandou que Oseias a comprasse. É interessante apontar aqui que o texto ressalta que ela foi comprada com cinco litros e meio de cevada. Naquele tempo, cevada não era um grão nobre, e sim um grão barato. Só para efeito de comparação, não em termos de valor financeiro, aquela cevada talvez correspondesse ao que seriam hoje grãos de arroz quebrados. Não valia quase nada! Foi com um preço majorado, que chegava à metade do preço de um escravo e cinco litros e meio de um grão barato, que Oseias comprou Gômer, sua mulher infiel, que destruíra sua família e sua própria vida, levando-a para casa e restabelecendo-a no relacionamento familiar. Que drama!

O SIGNIFICADO DA HISTÓRIA DE OSEIAS E GÔMER

Como Deus manda um homem se casar com uma mulher com um histórico como esse? Que perspectiva ele podia ter desse casamento? Por que Deus fez com que Oseias fosse buscar Gômer de volta, alguém que, definitivamente, não merecia nenhuma expressão de amor, cuidado e graça?

Essa história tem um significado. Através desse drama que se desenvolve nos primeiros três capítulos do livro, Deus passa a seguinte mensagem: Oseias, nessa relação, é como Deus na Sua relação com o povo de Israel. O profeta representa o Deus que é fiel e amoroso, enquanto Gômer representa o povo infiel e adúltero, que não segue a Deus.

Ao estabelecer uma aliança com Israel, Deus o fez na forma de um pacto de suserania, em que o rei vitorioso fazia uma aliança com o rei perdedor, e este deveria exercer seu papel de títere debaixo de condições estabelecidas por quem detinha o poder. Deuteronômio é um livro que segue a estrutura deste pacto, no qual Deus é o suserano e os líderes do povo são instrumentos dele para conduzir o Seu povo. Assim como no casamento existe uma aliança, um pacto entre o casal, quando Deus nos chama, Ele firma um pacto conosco. E assim como Gômer era infiel ao seu marido, Israel era infiel ao seu Deus. Por meio de sua experiência pessoal, orientada e determinada por Deus, Oseias estava comunicando ao povo que o absurdo pelo qual ele estava passando era o mesmo absurdo que o povo estava promovendo no seu relacionamento com Deus. Era uma denúncia, justamente, à infidelidade de Israel, apesar de seus templos estarem cheios.

Quando penso naquele povo, na religiosidade e no sincretismo vivido por Israel nos tempos de Oseias, vejo o quanto se assemelha à história da Igreja brasileira nos dias de hoje. Era um país que, após viver dias de glória e prosperidade sob o governo de Jeroboão II, chegou a uma crise socioeconômica significativa, tal como a que nós estamos vivendo hoje. A porcentagem de evangélicos tem crescido, mas a sociedade também aumenta em corrupção, violência e injustiça. Essa história, então, não é somente uma ilustração da realidade daquele povo com Deus, mas também uma projeção do que pode ser a nossa realidade com Deus na atualidade.

O QUE CARACTERIZA O ADULTÉRIO ESPIRITUAL?

Ao analisarmos como acontecia o adultério de Gômer, podemos fazer um paralelo com o relacionamento entre Deus e o homem e entender o que caracteriza o adultério espiritual. Vamos perceber que, descrevendo como essa mulher agia, Oseias nos fala como nós agimos e como devemos reagir. Ele diz: "Repreendam sua mãe, repreendam-na, pois ela não é minha mulher, e eu não sou seu marido. **Que ela retire do rosto a aparência adúltera e do meio dos seios a infidelidade**" (2:2). A manifestação do adultério e da infidelidade de Gômer estava, em primeiro lugar, em seu rosto. Ela se pintava e se arrumava justamente para seduzir.

O texto diz também que ela tinha "no meio dos seios a infidelidade". Nenhum autor que li foi definitivo sobre o que isso significa, havendo somente especulações. É fato que, no Mundo Antigo, era normal as mulheres usarem um receptáculo: espécie de uma bolsinha de perfume que, pendurada no pescoço, ficava entre os seios e era uma lembrança do amor que elas tinham (Ct 1:13). Entretanto, no caso de Gômer, o que estava entre os seios apontava não para o amor, e sim para a infidelidade. Mesmo não sabendo exatamente o que era, só o fato de ela andar com algo entre os seios à mostra numa sociedade antiga do Oriente Médio, onde as mulheres andavam todas cobertas, já indicava que essa era uma mulher "vestida para matar".

Em 2:13, lemos: "Eu a castigarei pelos dias em que ela queimou o incenso aos baalins; **ela se enfeitou com anéis e joias, e foi atrás dos seus amantes**". Ela se vestiu adequadamente para o adultério e se expôs adequadamente para a infidelidade. A maneira como ela se enfeitava, com suas joias e anéis, era para apelar e promover o adultério. Em outro versículo também é dito que "**a mãe deles foi infiel, engravidou deles** e está coberta de vergonha…" (2:5). Veem-se aqui as marcas e os sinais da infidelidade dessa mulher. Sua forma de se vestir, perfumar e se pintar propunha aos outros sensualidade e infidelidade. E ela consumou isso estando com outros homens, inclusive concebendo filhos deles.

AMOR VOLÁTIL

Como isso acontece na vida prática, quando pensamos em termos de infidelidade a Deus? Afinal, o que caracteriza o adultério espiritual? Em primeiro lugar, aquele povo tinha um amor raquítico. O profeta diz: "O que posso fazer com você Efraim? O que posso fazer com você, Judá? Seu **amor é como a neblina da manhã, como primeiro orvalho que logo evapora**" (6:4). Ele compara o amor daquele povo por Deus com a neblina da manhã, que é dissipada assim que o Sol se levanta, e com o orvalho, que rapidamente evapora.

É fácil irmos a um culto e cantarmos expressões de devoção como "eu me entrego a ti" ou "minha vida dou" e, no dia seguinte, quando o Sol se levantar, esse amor já estar apagado. Isso é um amor superficial, baseado na paixão, e não na solidez de um caráter que decide amar, e o faz. Ele pode se manifestar quando há alguma emoção cultual, porém, no dia a dia, na prática do ambiente de trabalho ou de relações humanas, ignora por completo os princípios de Deus.

QUEBRA DA ALIANÇA

Outra característica do adultério espiritual é a quebra da aliança com Deus. Em Oseias 8:1 Deus diz, em outras palavras: "Vocês **quebraram a minha aliança**" e "Vocês **traíram o Senhor**". Quando duas pessoas se casam, elas firmam uma aliança e, normalmente, colocam um anel para mostrar o compromisso que têm uma com a outra. E, quando ocorre a infidelidade no contexto do pacto firmado, existe a quebra dessa aliança, ou o que vulgarmente chamamos de traição. É exatamente isto o que acontece quando dizemos ao Senhor "Tua vontade vou fazer" ou cantamos letras como "minha vida dou" e, assim que acaba o culto, fora da igreja, nossa vida não é bem assim. Isso é traição, é infidelidade à aliança firmada.

Além disso, a infidelidade também se caracteriza pela atitude que temos de esquecer o nosso Deus abandonando-o. No capítulo 8, lemos: "Israel **esqueceu o seu Criador**" (v.14) e, um pouco mais adiante, "pois você se prostituiu, **abandonando o seu Deus**" (9.1). Como vemos, já fazia parte da rotina do povo ser indiferente a Deus; esquecer-se dele; não o levar em conta. Eles haviam abandonado o Deus que os amava, libertara e prometera abençoá-los! Havia situações e momentos em que aquele povo até podia se voltar para Deus, no entanto, tão logo saia de uma circunstância crítica, esquecia quem era Deus, e o abandonava.

INGRATIDÃO

O povo de Israel apresentou um amor volátil, uma quebra da aliança e agora veremos que ele também não reconheceu o que Deus lhe dera. Em

Oseias 2:8 Deus diz: "**Ela não reconheceu que fui eu quem lhe deu** o trigo, o vinho e o azeite, quem a cobriu de ouro e prata, que eles usaram para Baal". Algumas vezes, encontro pessoas que têm provado da experiência de ver o cuidado e a bondade de Deus. Porém, com o passar do tempo, não reconhecem a graça e a provisão divina em sua vida, e acabam vivendo como se tivessem construído tudo por si mesmas, à parte de Deus. Outro exemplo é quando alguém, no início de sua carreira profissional, tem a expectativa de que Deus o abençoe e que o seu trabalho seja próspero, mas, quando isso de fato acontece, esquece-se e não reconhece o que Deus lhe deu. Assim como aquele povo, nós também podemos ser ingratos. Isso é uma característica de adultério espiritual.

REBELDIA

Outro sinal de adultério manifestado por aquele povo era a rebeldia: "Os israelitas são **rebeldes como bezerra indomável**" (4:16). Vamos pensar um pouco sobre essa figura da bezerra indomável. Um animal que o criador espera, cria e quer conduzir, mas que o rejeita, pula, salta, esperneia e dá coices. Deus aqui compara o povo a essa bezerra indomável que não aceita a Sua orientação. Deus quer cuidar dela, mas ela não o aceita. Deus quer que ela siga por um caminho, mas ela vai por outro. Essa figura servia para descrever, de fato, quem era esse povo que, mesmo tendo estabelecido uma aliança com Deus, não aceitava Suas orientações e determinações.

Quando analisamos os pecados de Israel naquela época, percebemos que eram muitos e que se acumulavam. Observe os seguintes versículos, que salientam justamente isso: "Os rebeldes estão envolvidos em **matança**..." (5:2); "você se lançou à **prostituição**..." (5:3); "A **arrogância** de Israel testifica contra eles..." (5:5); "Gileade é uma cidade de ímpios, **maculada de sangue**" (6:8); "...assim fazem também os **bandos de sacerdotes**; eles **assassinam** na estrada de Siquém e cometem outros crimes vergonhosos" (6:9). Com uma proficuidade tremenda, você encontrará as declarações de Oseias denunciando prostituição, assassinato, adultério, associação ao meretrício, assaltos em bando e assim por diante. O povo havia ignorado completamente as determinações divinas. Aquilo não era a conduta que Deus havia idealizado, ou que era esperada deles.

Mais do que isso: eles estavam também construindo ídolos que agora faziam parte de sua rotina: "Israel como videira viçosa; cobria-se de frutos. Quanto mais produzia, **mais altares construía...**" (10:1). Eles construíam altares, colocavam neles deuses fabricados por homens e ofertavam sacrifícios a esses deuses pagãos. Esse era o povo de Deus! Isso é adultério espiritual! É infidelidade ao Deus que os chamou, constituiu e amou!

De certa forma, isso não difere em nada do que pode acontecer com cristãos nos dias de hoje. As Escrituras nos orientam a como viver no casamento; como administrar nossas finanças; como devemos ser no nosso ambiente de trabalho etc. Quando, sabendo que é Deus quem deve reger os princípios de nossa vida, nós ignoramos e passamos a fazer as coisas de acordo com o que nós achamos e queremos fazer, isso não é mais cristianismo. Isso é paganismo, infidelidade, idolatria, prostituição espiritual. Enquanto o povo de Israel gastava tempo construindo um ídolo que representava a expectativa que eles tinham no coração, nos nossos dias, apesar de não serem materiais, esses ídolos são construídos no coração de muitos e também regem sua vida.

QUAL RESULTADO ESPERAR?

IMPLICAÇÕES NATURAIS

1. O impacto social

    Qual resultado, então, poderia ser esperado na vida daquela nação com esse tipo de conduta? O que aconteceu com o povo de Israel, ou melhor, o que acontece com qualquer nação que vive longe desse Deus? É evidente que o primeiro resultado seria colher as implicações naturais do pecado que se escolhe. Assim, Oseias diz: "Eles comerão, mas **não terão o suficiente**; eles se prostituirão, mas não aumentarão a prole, porque abandonaram o Senhor" (4:10). E ele segue: "**Por isso as suas filhas se prostituem e as suas noras adulteram**" (4:13).

    Há dois aspectos aqui que gostaria de salientar para vocês. O primeiro, é que a vida de pecados que o povo de Israel e Gômer — e mesmo nós — escolhemos, não satisfaz o coração humano.

O pecado é uma sedução e um engano. É por isso que Deus está dizendo aqui que eles não terão o suficiente ou que não se fartarão. Se o objetivo da sua vida for somente ganhar dinheiro, sabe o que acontecerá? Você ganhará o seu dinheiro e, quando alguém perguntar de quanto mais você precisa, sua resposta será a mesma que um ricaço já respondeu: "Um pouquinho mais!". O que você tem nunca será o suficiente.

O outro ponto que quero ressaltar aparece em 4:13, no final do versículo: "**Por isso as suas filhas se prostituem e as suas noras adulteram**". O pecado que você comete hoje não apenas não o satisfaz, como também desenha uma tragédia para a próxima e tão amada geração. Você leva uma vida de mentira? Você leva uma vida na qual destrata o seu cônjuge? Entenda que os seus filhos comerão os frutos do seu pecado! Na história do nosso país, vivemos dias de prosperidade e, em seguida, passamos por abusos na economia e na política e por muita corrupção. Por conta disso, temos uma dívida que a próxima geração ainda pagará com juros.

2. O impacto ambiental

Já vimos que o caminho do pecado leva à insatisfação pessoal e traz consequências para a próxima geração. Porém, gostaria de enfatizar que ele também atinge o meio ambiente, ou o ecossistema. Vejamos o que diz Oseias 4:3: "Por causa disso **a terra pranteia**, e todos os seus habitantes desfalecem; os **animais do campo, as aves do céu e os peixes do mar** estão morrendo".

O que aconteceu, por exemplo, com os países da África que estavam em constantes revoluções e lutas? A fauna foi destruída e, em alguns deles, mais da metade da população foi consumida com a morte pela AIDS. Na Venezuela, hoje, os animais nos zoológicos estão esquálidos, morrendo de fome. E no Brasil, como consequência de tanta ganância e ambição, como ficou o rio Doce? O pecado sempre tem o seu preço. No começo, ele pode ter um gosto agradável na boca, mas os resultados são catastróficos. Ele não satisfaz, traz peso às gerações futuras e tem o poder de destruir, inclusive, o ambiente em que estamos.

A AÇÃO DISCIPLINADORA DE DEUS

Além dessas implicações naturais, e como se elas não bastassem, as Escrituras falam também de ações objetivas da parte de Deus para disciplinar o Seu povo. Em última análise, todo pecado é uma ofensa contra Deus. Veja o que Ele diz, por exemplo, neste versículo: "Mas eles não percebem que **eu me lembro de todas as suas más obras**. Seus pecados os envolvem; **eu os vejo constantemente**" (7:2). Você pode achar que está desapercebido, no entanto, se você escolheu pecar, Deus afirma que Ele se lembra e está vendo, mesmo que mais ninguém veja. Ele também diz: "Meu povo foi destruído por falta de conhecimento. Uma vez que vocês rejeitaram o conhecimento, **eu também os rejeito como sacerdotes**; uma vez que vocês ignoraram a Lei de Deus, **eu também ignorarei os seus filhos**" (4:6). Aqui, basicamente, está a doutrina da retribuição: se você rejeita a Deus, Ele o rejeitará; e, se você o ignorar, Ele diz que ignorará seus descendentes, a quem a aliança beneficiaria.

A nação de Israel havia chegado numa condição tal em que não tinha mais prazer. Estava insatisfeita e frustrada, mas não era somente isso. Havia uma declaração objetiva de Deus que os colocava numa situação de rejeição e indiferença da parte dele. De novo, poderíamos pegar tantos versículos de Oseias, porém vamos nos ater ao capítulo 2:

"Pois **agora** vou expor a sua lascívia diante dos olhos dos seus amantes; **ninguém a livrará das minhas mãos. Acabarei com a sua alegria**: suas festas anuais, suas luas novas, seus dias de sábado e todas as suas festas fixas. Arruinarei suas videiras e suas figueiras, que, segundo ela, foram pagamento recebido de seus amantes; farei delas um matagal, e os animais selvagens as devorarão. **Eu a castigarei** pelos dias em que queimou incenso aos baalins; ela se enfeitou com anéis e joias e foi atrás dos seus amantes, mas de mim, ela se esqueceu", declara o Senhor" (vv.10-13).

O mesmo Deus que se lembra das "más obras", agora diz que vai retribuir acabando com a alegria dos que as praticam, arruinando-os e castigando-os. E ele sintetiza toda sua mensagem ao dizer: "Eles semeiam vento e colhem tempestade..." (8:7). Creio que foi nessa passagem que Paulo se baseou para escrever as palavras de Gálatas 6:7: "Não vos enganeis, aquilo que o homem semear isso ele ceifará" (ARA). Cada um ceifa exatamente o que semeou. Portanto, se eles estão semeando infidelidade, rebeldia, indiferença e ignorância, sofrerão as consequências e colherão como resultado a mão pesada do Senhor.

Apesar dos alertas de Oseias, o povo de Israel não o ouviu, o que culminou na chegada de Salmanezer, em 722 a.C., que veio à nação, subjugou e desterrou o povo, espalhando-o pelo Mundo Antigo. Será que essa era a vontade e a proposta inicial de Deus? Que a nação de Israel nunca mais viesse a existir a como antes? Seguramente não, porém foi isso o que aconteceu. A culpa daquele povo apontava para uma tragédia que eles já estavam vivendo e que ainda viveriam. Entretanto, o pecado e o juízo condenatório de Deus não são Sua palavra final. É por isso que o profeta Oseias está constantemente anunciando a proposta de Deus de salvar e perdoar aquele povo.

UM AMOR SURPREENDENTE

Apesar do anúncio do castigo, ao longo do livro de Oseias encontramos também um amor surpreendente, do começo ao fim. É o amor surpreendente de Deus manifesto na história da vida do profeta e de Seu próprio povo. Vejamos como isso acontece nos seguintes versículos:

"Portanto, agora **vou atraí-la**; vou levá-la para o deserto e **vou falar-lhe com carinho**. **Ali devolverei** a ela suas vinhas, e farei do vale de Acor uma porta de esperança. Ali ela me responderá como nos dias de sua infância, como no dia em que saiu do Egito. 'Naquele dia', declara o SENHOR, '**você me chamará 'meu marido', não me chamará mais 'meu senhor'**" (2:14-16).

Nesta passagem, logo no início do livro, e após o anúncio do juízo, há uma proposta de restauração do relacionamento. Deus quer restaurar a Sua relação de amor com o povo de Israel. Algo que me chama a atenção, e que considero ser uma verdade fantástica, é que neste capítulo, quando Deus pronuncia os nomes dos filhos de Oseias, ele os chama somente de "Ruama" e "Ami", em vez de "Lo-Ruama" e "Lo-Ami", Ele omitiu o *Lo*, que significava "não", para mostrar que deseja acolher e amar até os filhos da infidelidade (v.23).

Quando Deus determina que Oseias reencontre Gômer e a compre de volta, Ele demonstra que também nos quer de volta, não importando o quão longe fomos. Aquela mulher estava num estado deplorável, esquálida e sem valor algum na sociedade, porém, Oseias a acolheu e restaurou o casamento.

O povo de Israel se destacou por descumprir todos os Dez Mandamentos, mas Deus não os abandonou. Da mesma forma, não importa que pecados você cometeu, Deus quer reestabelecer um relacionamento com você. Talvez você esteja vivendo uma realidade bem longe de Deus e já tenha provado do sabor amargo e das consequências do pecado. Saiba que, mesmo assim, Deus quer restaurá-lo ao ciclo íntimo do Seu amor.

O QUE CABE A CADA UM DE NÓS?

1. O que nós devemos fazer

    O profeta diz: "A **fidelidade** e o **amor** desapareceram dessa terra, como também o **conhecimento** de Deus" (4:1). Esse era o diagnóstico que Deus fazia daquela sociedade: a verdade não reinava naquela nação; o povo acreditava em mentiras; não havia amor e expressão fiel de Deus, pois eles mesmos não eram fiéis. A verdade é que aquele povo não conhecia o seu próprio Deus.

    O que fazer, então? O que Deus quer de cada um de nós? Ele mesmo diz: "Pois desejo **misericórdia**, não sacrifícios, e **conhecimento** de Deus em vez de holocaustos" (6:6). Deus não estava interessado em ofertas e sacrifícios. O que Ele queria era derramar Sua misericórdia sobre um povo que o conhecesse e experimentasse dele. E Ele ainda acrescenta: "Semeiem a **retidão** para si, colham o fruto da **lealdade**" (10:12). No lugar de vento, eles deveriam semear retidão e cultivar uma vida marcada pelos princípios e orientações do Senhor. Se você fizer isso, você colherá frutos da parte de Deus, que é o Seu amor fiel manifesto. Se você cultivar essa vida com Deus, você colherá esses resultados.

Por fim, Ele diz: "pois é hora de buscar o Senhor, até que ele venha e faça chover justiça sobre vocês" (10.12). A ideia aqui é que Deus fará com que você seja capaz de reproduzir a retidão que vem do alto. Na medida em que você estiver sulcando a terra para tentar obedecer e fazer a vontade de Deus, Ele fará chover. Ou seja, você receberá a bênção do Senhor e o seu desejo de fazer a vontade de Deus (que é maior no coração dele do que no nosso) aumentará e você conseguirá fazer o que Ele quer que você faça.

2. O que Deus fará

Observe o capítulo 14: "**Volte**, ó Israel, para o Senhor, para o seu Deus. Seus pecados causaram sua queda! **Preparem** o que vão dizer e voltem para o Senhor. **Peçam-lhe**: 'perdoa todos os nossos pecados'..." (vv.1-2). Deus estava pedindo que o povo se voltasse para Ele e pedisse perdão por seus pecados. Nada mais do que isso! Então, Ele derramaria a Sua graça e a Sua bondade, e restauraria o relacionamento com eles.

Cabe a nós vivermos dentro dos princípios do Senhor. Se aquele povo tivesse agido assim, eles teriam provado o que o profeta diz adiante: "**Eu curarei** a infidelidade deles e **os amarei** de todo o meu coração, pois a minha ira desviou-se deles" (14:4). Que promessa preciosa do nosso Deus: venha como você está, que eu vou curá-lo e amá-lo do todo o coração! Lemos também: "**serei como** orvalho para Israel" (14:5) e "sou **eu que lhes respondo e dele cuidarei**" (14:8). Se você buscar a Deus e confessar o seu pecado, Ele cuidará de você.

O livro de Oseias é uma história que serve para entendermos o quanto nosso Deus é severo, mas, ao mesmo tempo, o quanto Ele é bondoso. Para uma mulher como Gômer, que não merecia, Ele deu a oportunidade de restauração. Para um povo que não se arrependia, Ele deu uma palavra de reconciliação. Isso é graça!

A definição mais simples que se pode ter de graça é um favor que não se merece. Ainda que graça signifique favor imerecido, H. A. Ironside, um pastor da primeira metade do século 20, acrescenta: "Graça é Deus derramar um favor por nós nos poupando de um castigo que nós merecíamos". Mais do que isso, eu diria que, além de não nos tratar como merecemos, entregando-nos ao castigo merecido, o Senhor nos trata de uma maneira que não merecemos. Ele nos trata com imenso amor. Se você está vivendo provando do sabor amargo do pecado, da tragédia e da desgraça, tal como aconteceu com Gômer, lembre-se de que há um Deus que perdoa e restaura. Basta você pedir, pois por Seu grande amor nos enviou Seu filho, Jesus Cristo, que na cruz foi julgado por nossos pecados para que possamos chegar diante de Deus com nossos pecados já redimidos.

PROFETAS MENORES

JOEL
O PROFETA NAS CALAMIDADES

UMA REALIDADE DESCONHECIDA

Neste capítulo, estudaremos o segundo profeta menor, de acordo com a ordem em que eles aparecem nas Escrituras. Mais uma vez temos um profeta que é, na verdade, um ilustre desconhecido. Pouco sabemos sobre ele, exceto o seu nome, **Joel**, e o de seu pai, Petuel, que era igualmente desconhecido: "A palavra do Senhor que veio a Joel, filho de Petuel" (1:1). Como vimos no capítulo anterior, era hábito do povo nomear as pessoas com compostos do nome de Deus. O fato de Joel (Yo'el) significar "Jeová é Deus" mostra que o seu nome tinha importância: era uma declaração teológica.

Não existe no livro nenhum fato histórico que seja identificado na história de Judá que nos permita dizer em qual época ele viveu, ou quem foram seus contemporâneos. Alguns estudiosos e acadêmicos, no entanto, especulam que Joel tenha vivido por volta do final do século 9 a.C., enquanto outros o colocam ainda dentro dos anos setecentos, no século 8 a.C. A razão para isso é a maneira como o livro está escrito. A análise dos recursos literários empregados por Joel levou críticos a situarem-no entre esses dois séculos.

Outra incógnita do livro é de onde ele era. Porém, a julgar por uma referência constante do profeta acerca da cidade de Jerusalém (1:9; 2:32; 3:1), é natural se pensar que ele fosse alguém do Reino do Sul, ou Judá, cuja capital era Jerusalém. Ressalto, entretanto, que as ideias de quando e onde são somente especulações, pois não há nenhuma informação dentro do livro, e nem em outra literatura bíblica, que nos diga algo sobre Joel que nos faça concluir onde e em que época ele viveu.

O fato é que a mensagem de Joel traz algumas considerações sobre uma realidade sem par, ainda que ela não seja identificada na história. Seu livro começa com uma expressão de perplexidade e espanto pela ocorrência de um fato absolutamente incomum. Veja o que ele diz logo no início do livro: "Ouçam isto, anciãos; escutem, todos os habitantes do país. **Já aconteceu algo assim nos seus dias? Ou nos dias dos seus antepassados?** Contem o que aconteceu aos seus filhos, e eles aos seus netos, e os seus netos, à geração seguinte" (1:2-3). Aqui ele está chamando a atenção para uma situação que nunca havia acontecido. Já no capítulo dois, ainda que num contexto futuro falando sobre o Dia do Senhor, ele apresenta a mesma reação: "É dia de trevas e de escuridão, dia de nuvens e negridão. Assim como a luz da aurora estende-se pelos montes, um grande e poderoso exército se aproxima, como **nunca antes se viu** nem jamais se verá nas gerações futuras" (2:2). Bem que ele poderia ter sido a inspiração para a frase que o nosso ex-presidente Lula disse repetidas vezes: "nunca antes se viu na história deste país…". A obra de Joel, assim, trata de algo que nunca havia acontecido na história do seu país, mas que aconteceria num futuro próximo e distante.

A CALAMIDADE CHEGOU

Qual é, afinal, o fato desconhecido na história, ao qual Joel se refere com palavras de perplexidade? Ele está descrito no capítulo um, versículo quatro: "O que o gafanhoto cortador deixou o gafanhoto peregrino comeu; o que o gafanhoto peregrino deixou o gafanhoto devastador comeu; o que o gafanhoto devastador deixou o gafanhoto devorador comeu". Joel descreve uma praga de gafanhotos, algo que, nos nossos dias, usualmente não acontece mais dessa forma. Nos ambientes agrícolas do nosso país, onde se tem agricultura de escala, existem prevenções e tecnologias para se evitar que pragas como essa possam trazer uma calamidade como a descrita no livro de Joel. Além disso, se você, tal como eu, vive em um centro urbano, onde talvez um dos principais geradores de riqueza seja esta tecnologia que, supostamente, nos protege, também não terá nenhuma familiaridade com a situação de pragas de gafanhotos.

Para nós, um gafanhoto é apenas um pequeno inseto insignificante ou, no máximo, interessante a ponto de despertar certa curiosidade nas crianças. Aquela sociedade, porém, dependia do que acontecia no campo para sobreviver e, nesse cenário, uma praga de gafanhotos era algo catastrófico. Algumas descrições acerca do que é esse tipo de praga mostram que, quando elas ocorrem, não se consegue ver a luz do Sol, por conta da sombra feita pela nuvem de insetos. Além disso, a multidão de gafanhotos come tudo o que encontra pela frente, ou seja, quando há essa praga, os alimentos somem e mortes se tornam inevitáveis. Isso é sinônimo de tragédia! Uma tragédia natural que antecedeu episódios de seca, incêndio e fome. Será que conseguimos avaliar o que é isso? Vejamos alguns textos que nos ajudam a compreender melhor esta situação.

Em Joel 1:7 é dito: "Arrasou as minhas videiras e arruinou as minhas figueiras. **Arrancou-lhes a casca**, e derrubou-as, deixando brancos os seus galhos". A praga, quando passou, arrancou até a casca das plantas e derrubou partes de árvores. Mais adiante no texto, vemos as consequências sobre a comida daquele povo: "Os campos estão arruinados, a terra está seca; **o trigo está destruído, o vinho novo acabou, o azeite está em falta**. Desesperem-se, agricultores, chorem, produtores de vinho; fiquem aflitos pelo trigo e pela cevada, porque a **colheita foi destruída**. A **vinha** está seca, e a **figueira** murchou; a romãzeira, a palmeira e a macieira, todas as árvores do campo secaram. Secou-se, mais ainda, a alegria dos homens" (1:10-12). Não havia trigo ou azeite para fazer pão, e as árvores que cooperavam com a dieta do povo haviam sido destruídas.

Durante a primavera, eu gosto de dirigir olhando para as árvores, procurando floradas e frutos de amoras, pitangas e jabuticabas. Tenho as minhas próprias árvores em casa, sei que elas florescem ou produzem uma seguida da outra, e sei também que comer essas frutas é um capricho. Aquelas pessoas, no entanto, não estavam sem algumas frutas. Elas estavam sem nada! Veja o versículo 16: "Não é verdade que **a comida foi eliminada diante dos nossos próprios olhos?**". A crise foi tal que o povo, além de não ter comida para sua própria subsistência, também não tinha cereal para ofertar a Deus no Templo: "As ofertas de cereal e as ofertas derramadas foram **eliminadas do templo** do Senhor" (1:9).

Outro impacto causado pela praga foi o estrutural. No versículo 17 é dito: "As **sementes** estão murchas debaixo dos torrões de terra. Os **celeiros** estão em ruínas, os **depósitos** de cereal foram derrubados, pois a colheita se perdeu". Será que você tem noção da dimensão do que está descrito aqui? Em junho de 2016, numa das conferências missionárias da nossa igreja, um dos palestrantes de grupos pequenos foi um grande produtor agrícola, homem muito comprometido com Deus e que doa boa parte do lucro de suas produções e terras para missões. Numa de suas palestras, ele mencionou um fato que despertou minha curiosidade: que o seu vizinho de cerca tinha colhido onze sacas de milho por hectare, enquanto ele tinha colhido quarenta e quatro. Posteriormente, quando tive a oportunidade de jantar com ele, fiz a seguinte pergunta: "Para que você consiga pagar e não ter prejuízo, quanto precisa produzir de milho?" E ele falou: "São necessárias trinta sacas". A conversa continuou e, quando perguntei o que havia acontecido com o vizinho dele, ele me disse que ele quebrou. Era uma empresa de São Paulo que teve que fechar as portas, pois não havia como conduzir uma fazenda que produziu apenas onze sacas de milho por hectare. Nós não temos muita noção do que significa colher onze, vinte ou trinta sacas de cereal. Entretanto, na situação apresentada por Joel, a semente que tinha sido plantada foi perdida. E, por conta do recurso que não veio, o celeiro não pôde passar pela manutenção necessária e chegou à ruína.

Por fim, eu gostaria de chamar sua atenção para o que é dito no final do versículo 12: "A vinha está seca e a figueira murchou; a romãzeira, a palmeira e a macieira, todas as árvores do campo secaram. **Secou-se, mais ainda, a alegria dos homens**". É possível que você já tenha assistido algum filme que mostra o que é a alegria de uma colheita. Mais uma vez, é algo com o qual nós, da cidade grande, não estamos acostumados. Para quem está no campo, porém, que plantou, colocou seu dinheiro debaixo da terra e depende de uma série de fatores para produzir, é uma imensa alegria! Há lugares, inclusive, que têm uma festa específica para a colheita. Então, quando Joel diz que a alegria dos homens secou, ou que "a comida foi eliminada diante dos nossos próprios olhos, e que a alegria e **a satisfação foram suprimidas**, do templo do nosso Deus" (1:16), ele mostra que, para aquele povo, não existia perspectiva nem de sobrevivência, nem de alegria e nem de culto a Deus. A crise pela qual eles estavam passando era algo sem par, que nunca ocorrera antes na história deles. Dessas palavras, sabemos das implicações na economia regional, sem produção alguma em tempos em que a matriz econômica se apoiava totalmente na produção do campo. Também podemos imaginar as implicações na área de saúde, por não terem o que comer. As pessoas estavam tristes, inseguras e temerosas do que aconteceria com suas famílias.

PERSPECTIVAS DA CALAMIDADE

Diante de um cenário tão trágico e que, como já mencionado, não é identificado na época em que se especula que Joel escreveu, surgem alguns questionamentos. Tudo isso realmente aconteceu? O texto de Joel é literal ou alegórico? A praga de gafanhotos existiu ou foi simplesmente um símbolo para descrever uma invasão militar? Seria tudo isso um prenúncio de algo que ainda aconteceria? Apesar de nenhum historiador de Israel ou de Judá relatar o que é descrito pelo profeta, podemos encontrar no livro uma pista do que se tratava. Observe Joel 1:6: "Porque veio um povo contra a minha terra, poderoso e inumerável; os seus dentes são dentes de leão, e ele tem os queixais de uma leoa". Ele descreve a chegada de um povo, certamente com seus guerreiros, soldados bem treinados. Assim, a crise econômica estava sendo causada por uma situação de guerra, isto é, gerada a partir de uma crise política. A mesma ideia é mais desenvolvida no capítulo dois, onde ele descreve um exército bem treinado e disciplinado, que apavora por onde passa:

"À frente dele vai fogo devorador, atrás, chama que abrasa [...] A sua aparência é como a de cavalos; e, como cavaleiros, assim correm. Estrondeando como carros, vêm, saltando pelos cimos dos montes, crepitando como chamas de fogo que devoram o restolho, como um povo poderoso posto em ordem de combate. [...] Correm como valentes; como homens de guerra, sobem muros; e cada um vai no seu caminho e não se desvia da sua fileira. Não empurram uns aos outros; cada um segue o seu rumo; arremetem contra lanças e não se detêm no seu caminho. Assaltam a cidade, correm pelos muros, sobem às casas; pelas janelas entram como ladrão. [...] O Senhor levanta a voz diante do seu **exército**; porque muitíssimo grande é o seu arraial; porque é poderoso quem executa as suas ordens; sim, grande é o Dia do Senhor e mui terrível! Quem o poderá suportar?" (vv.3-11 ARA).

O fato é que, ainda que o livro trate de uma situação real, ou que seja somente uma alegoria, o grande tema que o permeia é a tragédia. No momento em que escrevo, em 2020, a nossa sociedade passa por uma crise significativa, com implicações para toda a população. De quando em quando, temos uma ou outra crise econômica movidas por fatores internacionais. São notícias de revoluções, corrupção, criminalidade, entre outras, a todo o tempo. Onde está Deus nisso? Como se não bastassem essas situações que atingem a todos nós, podemos também passar por crises pessoais. Vemos e sabemos de irmãos que estão vivendo a sua tragédia particular, seja ela uma enfermidade, o desemprego que se alonga, uma morte na família. E há ainda as catástrofes naturais que nos atingem, como terremotos, enchentes e deslizamentos. Em junho de 2015, por exemplo, tivemos em Campinas uma ventania como a qual eu nunca tinha visto antes, mesmo estando aqui há mais de 30 anos. Foi uma destruição tamanha, na qual muitos sofreram danos substanciais em suas casas. São realidades das quais não estamos isentos e com as quais temos que lidar.

Eventualmente, pode-se passar por momentos críticos também por causa de algum pecado cometido. Nesses casos, Deus deixa muito claro porque Ele está apertando o cerco: para levá-lo à confissão, disciplina e restauração da comunhão quebrada pela desobediência. Não se preocupe em tentar verificar se a crise pela qual você está passando é consequência de algum pecado cometido. Se Deus tem o propósito de disciplinar, Ele o deixará evidente para o filho a quem disciplina.

Décadas atrás, o grupo Vencedores por Cristo produziu uma música belíssima, intitulada *O dia da vitória*, que diz:

Assim como a noite aguarda o sol,
Como a brisa sonha um dia soprar,
Como a terra seca espera a chuva,
Como o rio anseia pelo mar,
Eu desejo tanto ver o dia chegar;
O dia da vitória em que virá meu Salvador,
Sim, Jesus Cristo, o Senhor, virá nas nuvens para me levar;
Se tornará verdade tudo o que sempre sonhei,
E tristezas eu não mais terei,
E toda lágrima do meu olhar Ele enxugará.
Braços levantados livres do mal,
Igualdade e justiça haverá,
Já não mais terá morte ou guerra, novo céu e uma nova terra,
Eu desejo tanto ver o dia chegar.

Isso é uma promessa pela qual nós ansiamos! Porém, há fases de nossa vida em que encontramos realidades bem diferentes, nas quais a alegria e a satisfação são suprimidas. Vivemos em tempos cheios de guerras, terrorismo, cristãos sendo martirizados, problemas políticos, problemas econômicos, pandemia etc. Como podemos viver cantando com alegria, dada a situação em que nós estamos? Como devemos reagir à nossa dura realidade? Eu quero apresentar a vocês neste capítulo três reações que devemos ter diante das tragédias às quais somos expostos.

REAÇÕES PERANTE A CALAMIDADE

LAMENTO, CHORO, CLAMOR E...

A primeira reação para a qual eu chamo a sua atenção é o que dei o nome de lamento, choro, clamor e outras demonstrações semelhantes a essas. A expressão "Dia do Senhor" é comum na língua hebraica, referindo-se a um dia sem tristeza alguma. É o que vemos na música dos Vencedores por Cristo, que destaca o fato deste ser um dia de vitória, onde não haverá morte, guerra ou lágrima. Porém, quando olhamos para o livro de Joel, vemos algo muito diferente daquilo a que aspiramos. Nosso desejo é ter uma vida confortável e de prosperidade, no entanto, o Dia do Senhor que nos é descrito pelo profeta, não é assim.

Veja o quadro que ele pinta em vários versículos do capítulo 2: "Toquem a **trombeta** em Sião; deem o **alarme** no meu santo monte. Tremam todos os habitantes do país, pois o **dia do Senhor** está chegando. Está próximo! É dia de **trevas e de escuridão**, dia de **nuvens e negridão**. Assim como a luz da aurora estende-se pelos montes, um grande e **poderoso exército se aproxima**, como nunca antes se viu nem jamais se verá nas gerações futuras. Diante deles o **fogo devora**, atrás deles arde uma chama. Diante deles a terra é como o jardim do Éden, atrás deles, um **deserto arrasado**; nada lhes escapa. [...] Diante deles **povos se contorcem angustiados**; todos os rostos ficam **pálidos de medo**. [...] Diante deles **a terra treme, o céu estremece, o sol e a lua escurecem, e as estrelas param de brilhar**. O Senhor levanta a sua voz à frente do seu exército; Como é grande o seu exército! Como são poderosos os que obedecem à sua ordem! **Como é grande o dia do Senhor! Como será terrível! Quem poderá suportá-lo?**".

O profeta apresenta situações trágicas e, depois de considerá-las, ele pergunta quem poderá suportar tudo isso. São realidades pelas quais o povo de Deus passava, e ainda passa, seja no âmbito pessoal ou coletivo. Paralelamente à apresentação deste cenário, Joel nos mostra a reação que devemos ter: "Acordem, bêbados, e **chorem**! **Lamentem** todos vocês, bebedores de vinho; **gritem** por causa do vinho novo, pois ele foi tirado dos seus lábios" (1:5). "**Pranteiem** como uma virgem em vestes de luto que lamenta pelo noivo da sua mocidade" (1:8). "**Desesperem-se**, agricultores, chorem, produtores de vinho; **fiquem aflitos** pelo trigo e pela cevada, porque a colheita foi destruída" (1:11).

A orientação que temos aqui não é de ignorar o tamanho da catástrofe e fingir que está tudo bem ou, talvez apenas os mais velhos entendam, fazer o jogo de contente da Poliana. O próprio profeta de Deus nos diz para chorar, lamentar, prantear, desesperar-nos, ficarmos aflitos. Quando Deus, em Sua soberania, provoca ou permite que vivamos a realidade de uma tragédia, Ele não espera que sejamos tolos a ponto de rir da desgraça, ou de negar que Ele está por trás de tudo o que estamos passando. Ele quer o choro, o lamento e o pranto que, naturalmente, fazem parte de situações assim.

Eu diria ainda que ninguém tem o direito de levar a própria insensatez para coibir uma pessoa que está sofrendo, condenando-a por ela estar chorando, lamentando e pranteando, e dizendo-lhe que ela deveria estar rindo, sorrindo e louvando. As Escrituras nos dizem que há tempo para tudo. Há tempo para o choro e para o lamento, e Deus não é contra isso. Ele o criou sensível às realidades pelas quais Ele mesmo permite que você passe. O profeta, inclusive, chega a dizer: "Ponham **vestes de luto**, ó sacerdotes, e **pranteiem**; **chorem alto**, vocês que ministram perante o altar. Venham, **passem a noite vestidos de luto**" (1:13). Não há nada de estranho dentro do plano de Deus em você sentir o peso das tragédias, das inseguranças, dos temores e, então, chorar. Muito pelo contrário, isso faz parte do plano de Deus.

Há alguns anos vivemos a realidade de uma filha e uma neta hospitalizadas. Foram quase 70 dias no hospital, entre UTI e Semi-Intensiva. Até hoje, quando me lembro daquele tempo, meus olhos marejam. Minha esposa e eu estávamos casados há mais de 30 anos e, naqueles dias, foi a primeira vez que eu a ouvi prantear ao Senhor. Nós não precisamos parecer heroicos, valentes ou inatingíveis. No nosso meio há pessoas enfermas e nós lamentamos por isso! Sabemos de queridos que perderam seus empregos e nos entristecemos por isso! Temos vivido a realidade de irmãos que perderam entes queridos, desde crianças pequenas até idosos, e choramos por isso! Perante as tragédias, nossa primeira reação deve ser assumir a realidade pela qual estamos passando. Ponha suas vestes de luto e, quando encontrar alguém nessas condições, lembre-se de que, antes de tentar levantá-lo ou encorajá-lo, você deve dar-lhe o seu ombro e chorar com ele. Talvez isso seja tudo o que você pode fazer naquele momento, e saiba, não é pouco e pode ser uma grande ajuda.

CULTIVAR ESPERANÇA

Calamidades trazem sofrimento, e o pranto e o lamento são reações naturais que devemos ter inicialmente. No entanto, com certeza não é apenas isso que Deus propõe ou espera de nós. Há uma segunda reação apontada por Joel, que devemos considerar e praticar, para a qual eu quero chamar a sua atenção: "**Decretem um jejum santo; convoquem uma assembleia sagrada**. Reúnam as autoridades e todos os habitantes do país no templo do Senhor, do seu Deus, e **clamem ao Senhor**" (1:14). As palavras do profeta neste versículo podem parecer absurdas. Afinal, jejuar não era uma opção naquele momento, mas a única alternativa. Então, para que decretar jejum se o povo já não tinha o que comer?

Na verdade, o ato de jejuar nas Escrituras era uma maneira de se dedicar à oração. O decreto de jejum naquela época talvez fosse desnecessário se compreendido da perspectiva de se abster de comer, mas a ênfase do texto era uma consagração ao Senhor. Quando alguém jejuava, era como se estivesse dizendo: "Eu não quero nada mais além de Deus. Não vou me distrair com comida, nem vou procurá-la. O meu foco é orar ao Senhor!". É importante ressaltar aqui que o jejum apresentado na Bíblia não é uma maneira de você comprar Deus, como se, já que você está jejuando, Deus terá que atender sua oração. Se você pensa assim, está muito enganado! A única condição que existe para nos achegarmos a Deus e sermos ouvidos e acolhidos é o fato de que o Senhor Jesus Cristo morreu naquela cruz e pagou pelos nossos pecados.

Quando a tragédia chega, precisamos ir além do chorar ou lamentar. Nós precisamos nos voltar para Deus, buscar Sua presença e orar. Em Joel 2:11 lemos: "O Senhor levanta a sua voz à frente do seu exército. **Como é grande o seu exército! Como são poderosos os que obedecem à sua ordem!**". E logo em seguida, no versículo 12: "'Agora, porém', declara o Senhor, '**voltem-se** para mim de todo o coração, com jejum, lamento e pranto'". Aquelas noites em São Paulo, com filha e neta hospitalizadas, fizeram-me orar como nunca! O aperto nos traz de volta para Deus e para ainda mais perto dele.

Ao longo de todo o livro de Joel, nós não identificamos uma culpa específica que tivesse levado o povo a passar por tal tragédia. É bem possível passar pelo sofrimento, e isso provavelmente acontece na grande maioria dos casos, sem ser por causa de algo de errado que tenha sido feito. O que há sempre, na verdade, é uma ação de Deus com o propósito de nos trazer para mais perto dele; para experiências e aperfeiçoamentos que Ele tem para nós. O Senhor quer a nossa total consagração, e a retirada do bem-estar, que desestabiliza a vida, tem como propósito nos levar para uma experiência mais profunda e ampla com Deus. Veja o que Ele diz no versículo 13: "**Rasguem o coração**, e não as vestes. Voltem-se para o Senhor, para o seu Deus, pois ele é **misericordioso** e **compassivo**, **muito paciente** e **cheio de amor**; arrepende-se, e não envia a desgraça".

Rasgar as vestes, no antigo Oriente Médio, era sinônimo de humilhação, quebrantamento e de pedido para que Deus agisse com misericórdia. O profeta retrata que Deus quer ver corações rasgados, abertos, humilhados e totalmente consagrados a Ele. Vale apontar aqui que, embora o texto não cite uma culpa específica, o pedido do Senhor evidencia que o povo tinha questões a acertar com Deus. Afinal, Ele pede um coração inteiramente dedicado ao Senhor, e também que rasguem os próprios corações e não as vestes. Concluo que eles preservavam seus cerimoniais, cultos e festas religiosas muito mais por tradição, do que por uma relação com Deus.

"Que os sacerdotes, que ministram perante o SENHOR, chorem entre o pórtico do templo e o altar, orando: 'Poupa o teu povo, SENHOR. Não faças da tua herança motivo de zombaria e de piada entre as nações. Por que se haveria de dizer entre os povos: Onde está o Deus deles?'"(2:17). Ao mesmo tempo em que Joel tem consciência da tragédia pessoal e coletiva que o povo está vivendo, ele também sabe o quão bondoso, misericordioso e compassivo é o seu Deus. Por isso ele se volta para Deus pedindo que poupe aquela nação. Igualmente nós, quando oramos dessa maneira, depositamos nossa total confiança no Senhor.

Ao receber uma má notícia, chore, lamente, pranteie, mas não pare somente nisso. Busque ao Senhor que está atento à nossa dor e ao nosso sofrimento. Peça, e Ele atenderá. Não sabemos quando, e consideraremos isso mais adiante, mas Ele o fará. Nosso coração, por meio da oração, deve ser alimentado com a perspectiva de que o nosso Deus é bondoso, compassivo, misericordioso e amoroso. E também, de que é muito importante para Ele manter a preservação da santidade do Seu próprio nome e identidade. Por isso o profeta ora: "Não faças da tua herança motivo de zombaria e de piadas entre as nações. Por que se haveria de dizer entre os povos: 'Onde está o Deus deles?'" (2:17). O foco principal da oração não pode ser o bem-estar pessoal do momento, mas sim o nome de Deus ser honrado nessas circunstâncias, e jamais envergonhado.

DE OLHO NAS IMPLICAÇÕES FUTURAS

A terceira e última reação que quero considerar é que precisamos ficar de olho nas implicações futuras. O que isso significa? Veja o que diz o profeta: "Então o S‍enhor mostrou **zelo** por sua terra e teve **piedade** do seu povo. O S‍enhor **respondeu** ao seu povo: Estou lhes enviando trigo, vinho novo e azeite, o suficiente para satisfazê-los plenamente; nunca mais farei de vocês motivo de zombaria para as nações" (2:18-19). O Senhor não apenas responde a oração, como mostra zelo e piedade. No versículo seguinte lemos: "**Levarei** o invasor que vem do norte **para longe** de vocês, empurrando-o para uma terra seca e estéril, a vanguarda para o mar oriental e a retaguarda para o mar ocidental. E a sua podridão subirá; o seu mau cheiro se espalhará. Ele tem feito coisas grandiosas!" (2:20). Além do lamento e da intercessão, existe aqui a promessa de livramento.

Outra ação prometida por Deus é a cura de tudo aquilo que foi atingido pela tragédia. Ele afirma que restaurará o ecossistema às condições de antes: "Não tenham medo, **animais do campo**, pois as **pastagens** estão ficando verdes. As **árvores** estão dando seus frutos; a figueira e a videira ficam carregadas. Ó povo de Sião, alegre-se e regozije-se no S‍enhor, no seu Deus, pois ele lhe dá as **chuvas** de outono, conforme a sua justiça. Ele lhe envia muitas chuvas, as de outono e as de primavera, como antes fazia" (2:22-23). Logo em seguida, fala sobre a recuperação da economia da nação em sua condição ideal: "As **eiras** ficarão cheias de trigo; os **tonéis** transbordarão de vinho novo e de azeite. **Vou compensá-los** pelos anos de colheitas que os gafanhotos destruíram: o gafanhoto peregrino, o gafanhoto devastador, o gafanhoto devorador e o gafanhoto cortador, o meu grande exército que enviei contra vocês" (2:24-25).

Ainda sobre implicações futuras, o profeta acrescenta: "E, depois disso, **derramarei do meu Espírito** sobre todos os povos. Os seus filhos e as suas filhas profetizarão, os velhos terão sonhos, os jovens terão visões" (2:28-30). Nós encontramos essas mesmas palavras na boca de Pedro, quando prega em Jerusalém no Dia de Pentecostes (At 2). Isto não significa que o texto de Atos, capítulo dois, seja o cumprimento de Joel pois, ao ler a passagem completa dentro do livro do profeta, vemos que isso não se cumpriu. O que aconteceu no dia de Pentecostes é apenas algo semelhante ao predito por Joel: um avivamento espiritual. O que Deus promete aqui, então, é uma intervenção poderosa do Espírito de Deus.

Quem começa pelo lamento e passa pela oração, vê Deus agindo tanto na recuperação da sociedade, quanto na condição espiritual da nação.

Por isso o profeta diz, em 2:21: "Não tenha medo ó terra, regozije-se e **alegre-se**. O Senhor tem feito coisas grandiosas". E no versículo 26: "Vocês comerão até ficarem **satisfeitos e louvarão** o nome do Senhor, o seu Deus, que fez maravilhas em favor de vocês; nunca mais o meu povo será humilhado". Há uma promessa de *alegria* para o povo, como consequência da obra do Senhor.

RETRIBUIÇÃO AOS INIMIGOS

Ao olharmos para o livro de Joel, especialmente à luz do conhecimento que temos de outros livros das Escrituras, sabemos que podemos passar por situações de angústia das quais Deus nos livra quando oramos a Ele. Entretanto, existem situações angustiosas pelas quais passamos que não encontrarão alívio nessa vida, mas apenas na eternidade. Podemos sofrer com enfermidades e ter a alegria de ver Deus nos curar, ou de permitir que as ações da medicina nos curem. Porém, podemos também sofrer com doenças durante toda nossa vida e não ver a cura de Deus. O que nos consola é a certeza de que na eternidade, e por toda a eternidade, estaremos livres de todos os males. E isso não é somente no caráter pessoal, mas contempla também a maneira como Deus considera e tratará com aqueles que são geradores do sofrimento.

Existem sofrimentos que são causados, simplesmente, por questões naturais. Se você orou pela cura de sua avó de 84 anos que estava doente e ela não foi curada, entenda que o corpo humano tem limites e não foi feito para viver para sempre neste mundo. Na eternidade, com outro corpo e outra condição, ela desfrutará de muito mais. No entanto, existem sofrimentos que são gerados por opressão e, para esses, Deus tem promessas que acontecerão na oportunidade em que Ele fechar a história e a existência humana, tal como as conhecemos hoje.

Calcula-se que no Brasil, anualmente, são desviados com corrupção 200 bilhões de reais. Isso existe em escala há tanto tempo, e sabemos que continuará, que às vezes eu me pergunto: "Senhor, onde está a justiça? Onde está a Tua espada?". Observe essa sequência de versículos do capítulo 3 de Joel: "O Senhor **rugirá** de Sião e de Jerusalém **levantará a sua voz**; a terra e o céu **tremerão**. Mas o Senhor será um refúgio para o seu povo, uma fortaleza para Israel" (v.16). "**Reunirei todos os povos** e os farei descer ao **vale de Josafá**. Ali os **julgarei**" (v.2). "Ali me **sentarei para julgar** todas as nações vizinhas" (v.12). "Multidões, multidões no **vale da Decisão!** pois o dia do Senhor está próximo, no vale da Decisão" (v.14). "Que é que vocês têm contra mim, Tiro, Sidom, e todas as regiões da Filístia? Vocês estão me retribuindo por algo que eu lhes fiz? Se estão querendo vingar-se de mim, com agilidade e rapidez me **vingarei do que vocês têm feito**" (v.4).

O ímpio e o perverso não passam despercebidos diante de Deus. Podemos não ver o juízo de Deus agora, mas ele acontecerá. Podemos não ver o livramento agora, mas ele acontecerá. Podemos não enxergar nossa própria vida marcada por pureza, justiça, retidão, cuidado e amor, mas isso um dia acontecerá. Deus haverá de completar o que Ele começou: seja aperfeiçoando os Seus, ou julgando e condenando os ímpios.

DEUS É SOBERANO

Ao longo da leitura do livro de Joel, você encontra a tragédia como uma realidade que não está além da soberania de Deus. Por vezes, a humanidade passa por situações trágicas onde teólogos se levantam, questionam e avaliam que Deus não é tão soberano assim. Que insensatez! Ao ler Joel, fica claro que a mão de Deus está sobre todas as calamidades. Enquanto estivermos neste mundo marcado pela corrupção, com este corpo e existência corrompidos, experimentaremos livramentos e alívios de Deus, até o dia em que Ele dirá: "Não mais! Agora você partirá daqui!". Então, nos encontraremos com Senhor e passaremos a eternidade perfeita diante dele.

Você está passando por tragédias? Lamente, chore, pranteie e não se sinta culpado por isso. Ore e aproxime-se de Deus. Intensifique a sua relação com Ele. No entanto, não pare por aí. Alimente o seu coração com a seguinte visão: Deus é soberano em permitir ou trazer essa experiência dolorosa e o livramento poderá ser aqui, mas se não for, será em lugar e ocasião muito melhores. Lá, provaremos de toda a justiça de Deus. Não haverá choro, nem pranto, nem lamento e nem luto. Lembre-se sempre de que, como povo de Deus, vamos viver e passar por tragédias, e qualquer afirmação diferente disso é mentira. Portanto, lamente, ore e fortaleça o seu coração nas promessas do Senhor!

PROFETAS MENORES

AMÓS
O PROFETA COM A ÚLTIMA PALAVRA

OUÇAM A MENSAGEM
Diferentemente de outros profetas, sobre os quais não sabemos muito, o livro de Amós traz uma série de informações sobre ele. O texto nos diz: "Palavras que Amós, criador de ovelhas em Tecoa, recebeu em visões, a respeito de Israel dois anos antes do terremoto. Nesse tempo, Uzias era rei de Judá e Jeroboão, filho de Joás, era rei de Israel" (1:1). Só neste primeiro versículo já temos dados suficientes para localizar o profeta com exatidão. Ele era de Tecoa, uma cidadezinha no sul da região de Judá, um pouco abaixo de Jerusalém, a oito quilômetros de Belém. Viveu no tempo de Jeroboão II, rei do Norte, Israel, ao mesmo tempo em que no Sul, em Judá, reinava Uzias. Vale mencionar que esses dois reis se destacaram em sua época: Uzias por sua seriedade com Deus, e Jeroboão II pela prosperidade que promoveu em Israel.

Ao ser chamado por Deus, Amós teve o seu ministério no Reino do Norte, na cidade de Samaria, capital de Israel. Podemos dizer que ele não era propriamente um profeta profissional. Não frequentara uma escola profética e não orbitava em torno de outro profeta, embora fosse contemporâneo de grandes nomes como Isaías e Oseias. O que Amós teve foi uma visão; uma intensa convicção de que Deus falava com ele e tinha um recado a dar: "Ele disse: O SENHOR ruge de Sião e troveja de Jerusalém; secam-se as pastagens dos pastores, e murcha o topo do Carmelo. Assim diz o SENHOR: Por três transgressões de Damasco e ainda mais por quatro, não anularei o castigo. Porque trilhou Gileade com trilhos de ferro pontudos" (1:2-3). Pelas figuras de linguagem que ele utiliza, fica evidente que, não somente houve uma manifestação da parte de Deus, mas que a mesma foi muito clara e poderosa para Amós. O Senhor falou com a intensidade do rugido de um leão, causando um impacto como o de um trovão.

Quando iniciou suas profecias, Amós apresentou uma série de pequenas mensagens para Israel, Judá e algumas nações vizinhas. E o recado que ele tinha a dar àquelas nações não era muito promissor, nem nutria esperança. Pelo contrário, eram anúncios de retribuição divina, por causa da injustiça existente no meio deles. A mão de Deus pesaria contra todos os inimigos de Israel e Judá. Na ordem das mensagens e seus destinatários, ele começa falando contra Damasco, nação ao norte, a quem Deus promete retribuir por causa da crueldade deles. Na sequência, ele fala de Gaza, que ficava a oeste e era tradicional inimiga de Israel. Deus fala que vai puni-los por causa de cativeiros que eles tinham. Ele continua falando para Tiro, ao noroeste; Edom, ao sul; Moabe, ao leste; e acrescenta ainda uma mensagem contra Amom, que também ficava ao leste.

Judá e Israel não aparecem nas primeiras seis mensagens que Amós anuncia. Posso imaginar que, à medida em que eles ouviam o recado do profeta contra todas essas nações, suas inimigas, isso despertava alegria e celebração. Afinal, cada novo juízo anunciado mostrava que Deus retribuiria e pesaria a Sua mão sobre tudo o que fizeram de errado contra o povo de Deus. Finalmente, porém, Amós muda a direção do seu canhão. Para Judá, ele anuncia o castigo divino, pois eles haviam rejeitado a Lei de Deus. A seguir, ele se volta para Israel, que é o principal público focado pelo profeta, e fala da corrupção dos juízes da nação, anunciando também o castigo do Senhor. Sem sombra de dúvida, essas mensagens acabaram com qualquer alegria por parte de Israel e Judá, pelos castigos anteriormente prometidos aos seus tradicionais adversários.

Neste ponto, é importante ressaltar que, embora Amós tenha entregado a sua mensagem, ela não foi devidamente acolhida. Havia um sacerdote do Reino do Norte, **Amazias**, que, seguramente, estava dentro das denúncias que o profeta fez e, por conta disso, inventou uma narrativa sobre Amós: "Então o sacerdote de Betel, Amazias, enviou esta mensagem a Jeroboão, rei de Israel: Amós está tramando uma conspiração contra ti no centro de Israel. A nação não suportará as suas palavras. Amós está dizendo o seguinte: **Jeroboão morrerá à espada**, e certamente Israel irá para o exílio, para longe da sua terra natal" (7:10-11). Criador de *fake news*, Amazias colocou o profeta numa situação bastante delicada, pois a mentira que ele criou afirmava que Amós teria pregado que o rei seria morto.

Sem se abater com isso, Amós foi até Samaria, a capital do Reino do Norte, e continuou pregando a mensagem que Deus lhe dera, até que Amazias lhe disse: "**Vá embora, vidente! Vá profetizar em Judá; vá ganhar lá o seu pão**. Não profetize mais em Betel, porque este é o santuário do rei e o templo do reino" (7:12-13). A mensagem de Amós não era bem-vinda naquele meio; ele estava incomodando as autoridades religiosas de Israel. Mesmo assim, nos versículos seguintes lemos: "Amós respondeu a Amazias: **Eu não sou profeta nem pertenço a nenhum grupo de profetas**, apenas cuido do gado e faço colheita de figos silvestres. Mas o Senhor me tirou do serviço junto ao rebanho e me disse: **Vá, profetize a Israel**, o meu povo" (7:14-15). Ele era apenas um homem proveniente de um ambiente rural, com uma linguagem agropastoril e que não pertencia a nenhum grupo de profetas. É como se ele não tivesse passado por nenhum seminário ou formação acadêmica. No entanto, embora não tivesse a certificação, Deus apareceu quando ele cuidava de ovelhas e o chamou para profetizar.

QUEM DÁ A ÚLTIMA PALAVRA?

Por um lado, Amós tinha convicção de que Deus o chamara para cumprir uma tarefa e qual era o recado que ele deveria entregar. Por outro lado, ele começa a perceber que aquele povo não queria ouvir a mensagem de Deus. Estava muito claro o que ele tinha que falar, todavia, quando ele enfrenta a realidade de entregar a mensagem, aparece alguém importante, que diz que ele deveria calar a sua boca e ir embora de volta para o seu vilarejo. O povo, certamente, não estava disposto a ouvir o que o profeta tinha para lhes dizer.

Será que isso difere muito dos nossos dias? Eventualmente, sou convidado para pregar em lugares diferentes e acabo entrando em algumas "boas frias". Já aconteceu, por exemplo, de eu chegar em um lugar onde o programa musical costuma demorar uma hora e meia, e só depois passam a palavra ao pregador. No momento de pregar, foi fácil perceber que as pessoas estavam muito mais interessados na música, no show e em expressar seus sentimentos, do que em ouvir a Palavra de Deus. Guardadas as devidas proporções, o povo de Israel estava na mesma condição e não queria ouvir o que Deus tinha para lhes falar através do profeta. Por causa disso, a convicção de Amós começou a crescer a respeito do desinteresse, ou da adversidade, do povo quanto a ouvir a Palavra de Deus.

Veja o que ele diz no seguinte versículo: "Mas o Senhor lhe diz: Sua mulher se tornará uma prostituta na cidade, e os seus **filhos** e as suas **filhas** morrerão à espada. Suas **terras** serão loteadas, e você mesmo morrerá numa terra pagã. E Israel certamente irá para o exílio, para longe da sua terra natal" (7:17). Entenda aqui que esse homem era um profeta e, portanto, tinha uma visão e uma percepção muito claras do que estava para acontecer. Então, o que ele falava não era apenas uma mensagem; era *a mensagem*. Não é como muitos, hoje, que ousam dizer: "Assim diz o Senhor", e dão o que eu chamaria de "profetadas". Isto é, não transmitem o recado de Deus e sim o que eles próprios gostariam que fosse o recado divino.

Amós não repassou essa pesada mensagem para Amazias porque ele estava amargurado, ou como uma espécie de retaliação barata por causa da rejeição que sofreu. Ele o fez pois tinha a clara percepção, a revelação do que Deus faria. Assim, quando percebeu que o seu povo não estava disposto a ouvir, ele também começou a lhes ensinar que não adiantava serem indiferentes ao que Deus falava. A atitude deles para com a palavra do Senhor encontraria outra atitude da parte de Deus para com eles. Eles podiam não querer ouvir, mas é sempre Deus quem dá a última palavra: "Estão chegando os dias, declara o Senhor, o Soberano, em que **enviarei fome** a toda esta terra; não fome de comida nem sede de água, mas **fome e sede de ouvir as palavras do Senhor**. Os homens vaguearão de um mar a outro, do Norte ao Oriente, buscando a palavra do Senhor, mas **não a encontrarão**. Naquele dia as jovens belas e os rapazes fortes **desmaiarão de sede**" (8:11-13). Chegaria a hora em que eles desejariam ouvir a voz de

Deus, mas Ele não falaria. Eles teriam fome e sede da Palavra, porém, não a encontrariam.

Não é somente no Antigo Testamento que aparece esse conceito. No Novo Testamento, vemos ele muito bem colocado e esclarecido. Por exemplo, quando o Senhor Jesus envia os Seus apóstolos para pregar, Ele diz: "Se alguém não vos receber, nem ouvir as vossas palavras, ao sairdes daquela casa ou daquela cidade, **sacudi o pó dos vossos pés**" (Mt 10:14 ARA). A ideia aqui é que, após cumprirem a parte de anunciar a Palavra, quem ouviu é que responderá por sua própria atitude. Jesus também fala acerca de alguém que é indiferente à Palavra: "Não deis aos cães o que é santo, **nem lanceis ante os porcos as vossas pérolas**, para que não as pisem com os pés e, voltando-se, vos dilacerem" (Mt 7:6 ARA). Há uma hora em que se deve parar de entregar a mensagem por causa da atitude do povo!

Esse é um princípio que foi muito bem estabelecido pelo Senhor Jesus. Em Marcos 4:24 lemos: "Então lhes disse: Atentai no que ouvis. Com a medida com que tiverdes medido vos medirão também, e ainda se vos acrescentará" (ARA). Vale lembrar que este versículo aparece no contexto da parábola do semeador, que está semeando a Palavra. Há vários tipos de solo que receberão a semente, isto é, a Palavra que é pregada. Então, é explicando a parábola que o Senhor estabelece esse conceito, dizendo: "Atentai no que ouvis. Com a medida com que tiverdes medido, vos medirão". Um curioso detalhe é que, foram poucas as vezes em que o Senhor Jesus mandou Seus ouvintes prestarem atenção como diz aqui: "Atentai". Em todo o Seu ministério que temos registrado, Ele falou apenas seis vezes "prestem atenção", e, pasmem, quatro delas estão neste texto de Marcos. Jesus está falando de algo de alto peso e importância, que deve ser considerado, e ainda acrescenta: "com a medida que medirdes", ou seja, com o valor que você dá ao que é ensinado. Quando você está num ambiente em que se ensinam as Escrituras, como em um culto ou uma escola bíblica, você, naturalmente, mede o que está ouvindo, dando maior ou menor valor àquela mensagem. Você pode entender que se trata do recado de Deus para você e, por isso, você ama essa Palavra, ou pode achar que aquilo não diz respeito a você, mas a outro tempo.

Amazias viveu no século 8 a.C. e teve a revelação dois anos antes do terremoto, que ocorreu em 760 a.C. Você pode pensar: o que é que essas palavras do profeta têm a ver comigo, depois de mais de 2.780 anos? Entenda que, mesmo depois de tanto tempo, esse princípio da administração divina ainda é válido. O maior ou menor valor que você dá à Palavra, com atenção ou indiferença, determina o próximo movimento de Deus. Não apenas isso, mas a sua atitude e resposta para com aquilo que Deus fala, também serão medidas por Ele. Você mede o valor que a Palavra tem para você, e Ele mede a sua atitude para com a Palavra dele.

Como consequência, no versículo seguinte, Jesus diz: "Quem tem se lhe dará; e, **ao que não tem, até o que tem lhe será tirado**". Se, ao receber a Palavra de Deus, você der profundo valor à mesma, Ele vai lhe ensinar, revelar e instruir mais. No entanto, se você for indiferente a essa Palavra, o Senhor diz que até o que você tem hoje lhe será tirado. Lembre-se: você pode ter a sua reação, mas a última palavra é sempre de Deus. Portanto, a rejeição, a indiferença, ou até o pouco caso, estão sendo pesados quando o Senhor fala, e Ele reagirá a tudo isso. Você pode querer brincar com Deus, demonstrando indiferença, mas saiba que Ele é Deus, e isso trará suas consequências.

AS ADVERTÊNCIAS DE AMÓS

CONTRA A FALSA CONFIANÇA NA ELEIÇÃO

Apesar de Amós ter proferido anúncios para diversos povos, neste capítulo vamos nos ater, exclusivamente, à mensagem do profeta para a nação de Israel. Afinal, aquele era o povo de Deus, assim como nós o somos. Naquela ocasião, Amós fez três advertências para Israel, nas quais focaremos a partir de agora.

A primeira advertência foi em função da excessiva confiança na eleição divina. Vamos relembrar como aconteceu o surgimento do povo de Israel. Havia um homem pagão e idólatra, chamado Abrão, que morava na cidade de Ur, na Caldeia, próximo do que é o Iraque hoje. Esse homem foi chamado por Deus, que lhe disse: "Saia da sua terra, do meio dos seus parentes e da casa de seu pai, e vá para a terra que eu lhe mostrarei" (Gn 12:1). Não se tratava, simplesmente, de uma mudança geográfica, mas de um rompimento com a ordem religiosa e pagã que dominava Ur. Era um rompimento com Marduque, o deus patrono da cidade, e com toda a cosmovisão daquele povo. Deus estava determinando para Abrão que Marduque não mais seria o seu deus, e que aquele não mais seria o seu povo. Abrão foi escolhido por Deus para começar um novo povo e, então, a partir daí, vemos Abraão, Isaque, Jacó e toda a nação de Israel se desenvolvendo. Quando vão parar no Egito, com o tempo são feitos escravos, entretanto, Deus os liberta. Afinal, aquele era o povo eleito pelo Senhor.

Em Amós 3:1 lemos: "Escolhi apenas vocês de todas as famílias da terra; por isso eu os castigarei por causa de todas as suas maldades". Israel presumia que, porque eles eram parte do povo de Deus, estavam isentos de males que pudessem lhes acontecer. No entanto, o que Deus está dizendo através de Amós é justamente o contrário. Por serem os escolhidos do Senhor, é que Ele os castigaria. O fato de eles serem povo de Deus não os colocava na condição de imunidade da mão pesada do Senhor. O povo de Israel, nos dias de Amós, levava a vida como queria, fazia o que queria e dizia que cria em Deus, embora tivesse os seus templos pagãos em Gilgal e Betel. Eles entendiam e descansavam, erroneamente, em um chamado de Deus, como se fosse a garantia de sua sorte.

De fato, é um privilégio ser chamado e fazer parte do povo de Deus. Porém, esse chamado não nos dá uma espécie de imunidade, que nos permite viver como bem entendemos. Para quem foi chamado por Deus, pesa viver de acordo com os princípios divinos, e é isso que vemos nas palavras de Amós. Talvez você pense que o importante é apenas ter ouvido um dia sobre Jesus e o aceitado. Entretanto, se a sua vida dentro da igreja no domingo é diferente da vida que você leva de segunda a sábado, seja no ambiente de trabalho, em casa, na escola, com os amigos etc., saiba que você não está imune ao castigo de Deus. O povo de Israel levava a vida religiosa com seus rituais, cerimoniais e tradições, mas vivia longe do Senhor e de Suas determinações. E, tanto para eles, como para nós hoje, nessas condições, Deus diz que não estamos livres do Seu castigo.

Mais uma vez, este é um princípio que ecoa no Novo Testamento. É Pedro quem diz: "Pois chegou a hora de começar o julgamento pela casa de Deus; **e se começa primeiro conosco**, qual será o fim daqueles que não obedecem ao evangelho de Deus?" (1Pe 4:17). No evangelho de Lucas, também lemos: "Mas aquele que não a conhece e pratica coisas merecedoras de castigo, receberá poucos açoites. **A quem muito foi dado, muito será exigido; e a quem muito foi confiado, muito mais será pedido**" (Lc 12:48). No discernimento, no julgamento e na retribuição, Deus diz que começa com o Seu próprio povo. Como cristão, você é privilegiado, no entanto, também é responsabilizado e, caso não cumpra com as determinações divinas, estará sujeito ao julgamento do Senhor. Então, não pense você que, porque um dia creu e recebeu Jesus, agora está livre e nenhum mal pode lhe suceder. Pode sim! As Escrituras são claras em dizer que Deus disciplina e castiga o Seu povo quando a conduta dele é marcada por maldade, malignidade e impiedade.

CONTRA A GANÂNCIA E A OPRESSÃO

A segunda advertência de Amós é acerca da ganância e da opressão. Nós, que vivemos em um ambiente urbano, podemos estranhar a linguagem pastoril de Amós. Entretanto, observe o capítulo 4, versículo um: "Ouçam esta palavra, vocês, **vacas de Basã** que estão no monte de Samaria, vocês, que oprimem os pobres e esmagam os necessitados e dizem aos senhores deles: Tragam bebidas e vamos beber!". Ao usar a expressão "vacas de Basã", Amós estava se dirigindo às mulheres, e a elas dedicava este tratamento. Nos seminários de preparação de pastores há matérias relacionadas à homilética — arte e ciência da pregação —, nas quais há, como avaliação, a prática de se pregar em classe. Os alunos recebem não apenas uma nota, mas também sugestões de melhoria e orientações do que não deve ser feito. Quando vejo a maneira como Amós se dirige ao seu público, chamando as mulheres de Israel de "vacas de Basã", concluo, definitivamente, que ele não frequentou um seminário. Na verdade, o próprio Amós já havia assumido que não era um profeta, e sim um pastor de ovelhas, o que justificava a sua linguagem peculiar.

Seguramente, as ideias que temos em nossa cultura dos significados de chamar uma mulher de vaca, sejam essas ideias do Nordeste ou do Sudeste, que já diferem entre si, são totalmente diferentes do significado no Israel antigo. Basã era uma planície extremamente fértil, e os animais criados ali eram saudáveis e gordos. Assim, podemos dizer que ele chamou aquelas mulheres de "vacas gordas". Ora, se chamar mulheres de vaca nos nossos dias não seria nada bom, imagine a complicação que traria chamar de vaca gorda, em vez de vaca de Basã.

A grande questão aqui é: por que ele se dirige às mulheres? Vejamos, novamente, o que diz o versículo: "Vacas de Basã que estão no Monte de Samaria, vocês, que **oprimem os pobres e esmagam os necessitados e dizem aos senhores deles…**". A ideia é que a ganância dessas mulheres era tal, o padrão de vida que elas impunham aos seus maridos era tal, que elas eram cúmplices e promotoras da opressão que eles exerciam sobre o povo, para que eles ganhassem mais dinheiro, e elas vivessem num padrão de riqueza e ostentação. Como consequência dessa pressão, os pobres e necessitados eram esmagados. Porém, com certeza esse não era um problema exclusivamente feminino. Há outros textos no livro de Amós que tratam disso: "Proclamem os palácios de Asdode e do Egito: "Reúnam-se nos Montes de Samaria para verem o grande tumulto que há ali e a **opressão no meio do seu povo**" (3:9). Aquelas pessoas não tinham sucesso financeiro, simplesmente, por causa das suas capacidades, habilidades e oportunidades. Elas enriqueciam oprimindo o restante do povo. No versículo seguinte lemos: "Eles não sabem como agir direito, declara o Senhor, eles, que **acumulam em seus palácios o que roubaram e saquearam**" (3:10). Aquele povo de Deus tinha como princípio o enriquecimento a qualquer custo.

Como você trata as pessoas que trabalham com você? Aqueles que prestam serviço na sua empresa, ou aqueles que trabalham na sua casa, seja como jardineiro, como quem cuida da piscina ou da limpeza do seu lar? Essas pessoas têm os direitos delas preservados por você? Você que é médico ou dentista, e deve prescrever tratamentos, procedimentos, remédios, entre outros, ao fazer isso, você está buscando, efetivamente, o bem do seu paciente ou é uma oportunidade de ganhar favor e benefícios de laboratórios? Você que tem profissionais debaixo da sua liderança, trata com eles com justiça, ou injustamente? É este o quadro do que estava acontecendo na época de Amós. Eles estavam oprimindo, roubando, saqueando e enriquecendo com base na opressão; logo, a riqueza deles não era justa. Por conta disso, Deus lhes diz: "Derrubarei a **casa de inverno** junto com a **casa de verão**; as casas enfeitadas **de marfim** serão destruídas, e as **mansões** desaparecerão, declara o Senhor" (3:15).

A opulência vivida por eles era enorme. Veja o que é dito no capítulo 6: "Vocês se deitam em **camas de marfim**, e se espreguiçam em seus **sofás**. Comem os **melhores cordeiros e os novilhos mais gordos**. Dedilham em suas liras como Davi e improvisam em **instrumentos musicais**. Vocês bebem **vinho em grandes taças** e se ungem com os mais **finos óleos**, mas **não se entristecem com a ruína de José**" (6:4-6). Além de advertir aquele povo pela maneira injusta e opressora pela qual eles haviam enriquecido, Amós passa a adverti-los pela sua insensibilidade para com os que nada tinham. Quando o profeta diz que eles "não se entristecem com a ruína", significa que ele também os critica pela indiferença para com os necessitados e para a miséria pela qual passavam. Nesses dias, após um grande avanço de economia brasileira, entramos numa crise com 12 milhões de desempregados. Quando você vê pessoas pegando comida no lixo para se alimentar, você se entristece? Mais do que isso, situações como estas geram em você o desejo de ajudar e aliviar a dor dessas pessoas? O que Amós declara é que, não apenas o enriquecimento ilícito será tratado com Deus, mas também a indiferença com o sofrimento dos mais pobres e carentes.

Observe a seguinte passagem: "Fui eu mesmo quem deu a vocês estômagos vazios em cada cidade e falta de alimentos em todo lugar, e ainda assim vocês não se voltaram para mim, declara o Senhor. Também fui eu que retive a chuva quando ainda faltavam três meses para a colheita. Mandei chuva a uma cidade, mas não a outra. Uma plantação teve chuva; outra não teve e secou. Gente de duas ou três cidades ia cambaleando de uma cidade a outra em busca de água, sem matar a sede, e ainda assim **vocês não se voltaram para mim**, declara o Senhor. Muitas vezes castiguei os seus jardins e as suas vinhas, castiguei-os com pragas e ferrugem. Gafanhotos devoraram as suas figueiras e as suas oliveiras, e ainda assim **vocês não se voltaram para mim**, declara o Senhor. Enviei pragas contra vocês como fiz com o Egito. Matei os seus jovens à espada, deixei que capturassem os seus cavalos. Enchi os seus narizes com o mau cheiro dos mortos em seus acampamentos, e ainda assim **vocês não se voltaram para mim**, declara o Senhor. Destruí algumas de suas cidades, como destruí Sodoma e Gomorra. Ficaram como um tição tirado do fogo, e ainda **assim vocês não se voltaram para mim**, declara o Senhor" (5:6-11).

Apesar do constante castigo de Deus, o povo de Israel não despertava e não percebia a mão disciplinadora do Senhor. Como consequência, no versículo 12, Ele diz: "Por isso, ainda os castigarei, ó Israel, e, porque eu farei isto com você, prepare-se para encontrar-se com o seu Deus, ó Israel". Haverá uma hora em que cada um de nós comparecerá perante Deus, e precisamos estar preparados para esse momento. Você não pode, simplesmente, confiar no fato de se sentir tão bem e ser indiferente ao que é dito na Palavra de Deus. Na condição de eleito por Deus, um salvo pelo Senhor Jesus, você não pode levar a vida permeada por impiedade e maldade; ganhar dinheiro em detrimento do direito de outros; ir ao culto para adorar a Deus, quando deixou de pagar o seu empregado. Enfim, você não pode pensar somente na sua prosperidade e bem-estar, e ignorar o sofrimento de tantas pessoas que nos cercam. Se você tem uma cama de mármore, com detalhes de marfim, mas está insensível aos que estão sofrendo ao seu redor, prepare-se! Se você construiu sua casa na praia e outra na montanha, mas está indiferente aos necessitados, prepare-se! Prepare-se para se encontrar com o seu Deus, pois um dia você prestará contas da sua vida.

CONTRA RELIGIÃO SEM OBEDIÊNCIA

A última advertência de Amós, para a qual chamo sua atenção, é sobre a religião sem obediência. Veja o que é dito no capítulo cinco: "Assim diz o SENHOR à nação de Israel: **Busquem-me e terão vida; não busquem Betel**, não vão a Gilgal, não façam peregrinação a Berseba. Pois Gilgal certamente irá para o exílio, e Betel será reduzida a nada" (5:4-5). O povo de Israel tinha conseguido montar uma estrutura religiosa e cultual sincretista. Embora dissessem que confiavam em Deus, no Senhor Jeová, eles também flertavam com Betel e com Gilgal, centros de adoração pagã, fazendo peregrinações até lá. É neste contexto que Deus está lhes dizendo: "Não vão por esse caminho". Eles estavam corrompendo não apenas o culto público, mas a conduta de todo o povo, ao manter práticas religiosas fora das determinações do Senhor. Mais do que isso, no versículo 7 lemos: "Vocês estão transformando o direito em amargura e atirando a justiça ao chão". Aquele era o povo chamado povo de Deus. Ao misturarem a fé em Deus, bem como os padrões e determinações do

Senhor, com os ídolos e seu estilo de vida pagã, eles transformavam as suas próprias vidas em amargura.

Israel mantinha seus compromissos religiosos: cultos, ofertas, cânticos, orações. No entanto, a vida daquelas pessoas não trazia os sinais do caráter de Deus. Por causa disso, por eles terem uma vida religiosa desconectada da sua vida diária, é que Amós os exorta: "Odeiem o mal, **amem o bem, estabeleçam a justiça** nos tribunais, **talvez** o Senhor Deus dos Exércitos tenha **misericórdia** do remanescente de José" (5:15). Nós precisamos acertar nossa vida de acordo com o padrão de Deus, e isso implica abrir mão da maldade, impiedade e injustiça. Não é apenas uma questão de serviço religioso, com o levantar de mãos para louvar e orar na igreja. É um comprometimento a ponto de mudar o nosso estilo de vida: odiar o mal, amar o bem e estabelecer a justiça.

Outro equívoco daquele povo era uma falsa segurança, no presente, de que Deus lhes daria um futuro glorioso. Eles ansiavam pelo Dia do Senhor, mas o profeta lhes diz: "**Ai de vocês que anseiam pelo dia do Senhor**, o que pensam vocês do dia do Senhor? **Será dia de trevas!**" (5:18). Enquanto confiassem na certeza de tempos gloriosos a serem vividos com Deus, sua impiedade associada à fé só traria amargor. Os esperados dias de glória seriam, na verdade, dias de trevas. Se você tem um tipo de vida aos domingos e outro, completamente diferente, no restante da semana, saiba que você conhecerá as trevas. Veja a descrição de Amós, sobre como isso será: "Será como se um homem fugisse de um **leão**, e encontrasse um **urso**; como alguém que entrasse em sua casa e, encostando a mão na parede, fosse picado por uma **serpente**" (5:19). Em outras palavras, Deus está dizendo que não há como escapar do Seu juízo. Ainda que você, inicialmente, escape do leão, o urso e a cobra estarão à sua espera mais à frente. Ninguém foge de prestar contas a Deus! Pode-se escapar por enquanto, porém, o dia do juízo chegará e, não estar preparado para ele, implicará em prejuízo.

Por fim, Amós também se manifesta acerca da expressão religiosa daquele povo. Ele diz: "Eu odeio e desprezo as suas **festas religiosas**; não suporto as suas **assembleias solenes**. Mesmo que vocês me tragam **holocaustos e ofertas** de cereal, isso não me agradará. Mesmo que me tragam as melhores **ofertas de comunhão**, não darei a menor atenção a elas.

Afastem de mim o som das suas **canções e a música** das suas liras" (5:21-23). Você pode ir à igreja e clamar, cantar com entusiasmo, levantar suas mãos aos céus, bater palmas etc. Todavia, se a sua vida está ligada à injustiça, falta de integridade e retidão, saiba que Deus reagirá com desprezo.

Deus não se impressiona com quanto ou como cantamos, e muito menos com nossas ofertas e assiduidade, se tudo isso não estiver atrelado a uma conduta conforme a orientação dele. Por isso, Ele diz: "Em vez disso corra a **retidão** como um rio e a **justiça** como um ribeiro perene" (5:24). Ou seja, Deus quer nossa integridade. O que acontece na sua vida durante toda a semana? Você está fazendo o que é certo? Está fazendo o que é justo? Você está deixando de ganhar mais dinheiro, mas está com a sua consciência limpa diante de Deus? É isso que Ele quer! Porque, afinal de contas, e como eu já disse, é Deus quem dá a última palavra.

DEUS DÁ A ÚLTIMA PALAVRA

É possível que, ao ler estas palavras, você tenha examinado o seu coração e identificado, objetivamente, coisas de errado que está fazendo. Talvez seja no tratamento com seus pais; no tratamento com seu cônjuge; na maneira como você administra suas finanças; na forma como você se conduz no seu ambiente profissional. Entenda que, se você ouve as palavras do Senhor, e não as acolhe, mais cedo ou mais tarde Ele acertará as contas com você. Se você é filho de Deus, mas existem aspectos da sua vida que o impedem de ser totalmente íntegro, é tempo de você mudar esta conduta. Deus não quer um culto de aparência. Ele quer integridade.

Por outro lado, se você ainda não faz parte do povo de Deus, porém, reconhece que sua vida também é marcada por culpa e pecado, saiba que há uma boa notícia para você. Quando o Senhor Jesus Cristo veio ao mundo, Ele veio para morrer naquela cruz e pagar pelos seus pecados, para que você fosse perdoado e aceito, apesar de toda a sua herança. Você pode ser perdoado e ser acolhido por Deus ainda hoje. Basta reconhecer quem você é, com seus pecados e suas culpas, agradecer a Jesus por morrer naquela cruz por você e entregar sua vida ao Senhor.

Lembre-se disso: não somos nós quem damos a última palavra. Quem dá a última palavra é Deus! A sua atitude perante a mensagem entregue será medida, e Deus dará uma resposta. Pode ser um leão agora, um urso logo mais, ou uma cobra dentro de casa, mas Ele sempre dá a uma resposta. Se o Espírito de Deus trouxe ao seu coração uma visão clara dos erros que você tem cometido, e que precisam ser corrigidos, confesse isso agora a Deus. Reconheça os seus pecados, peça misericórdia e siga as determinações do Senhor.

PROFETAS MENORES

עבדיה

OBADIAS
O PROFETA SERVO DO SENHOR

ADORADOR DE JEOVÁ

Obadias é o menor livro do Antigo Testamento com seus 21 versículos. Esse profeta foi contemporâneo de Jeremias e de Ezequiel e, com certeza, é o menos conhecido dentre eles. A escassez de informação acerca de Obadias nos deixa incertos da data em que ele escreveu. Pelas pistas que temos no livro, e não temos pistas fora dele, a não ser as informações históricas que são conciliadas com os fatos mencionados no livro, Obadias viveu entre os anos 600 e 580 a.C., podendo ter avançado um pouco mais. Essa é a ocasião preferida dos estudiosos que discutem quando ele teria profetizado: o período pós-exílico, quando, em 606 a.C., Jerusalém foi cercada por Nabucodonosor e, em 586 a.C., a cidade caiu e grande parte do povo foi levado cativo para o exílio na Babilônia.

Mais uma vez, temos um profeta cujo nome é significativo. Há dois verbos hebraicos principais que são empregados para descrever adoração, e um desses verbos, *obad*, compõe o nome do profeta. Já o final do nome, o *ia*, é uma forma contrata de *Yahweh* (Jeová). O nome Obadias, em hebraico *Obadia*, portanto, tem o sentido de "adorador de Jeová", ou "servo de Jeová". Isso é muito marcante e, quando bem compreendido, pode ensinar algo fundamental para a igreja de nossos dias.

Vivemos em tempos em que muito se valoriza o ministério de louvor e adoração. Entretanto, considero ser uma valorização absolutamente divorciada do que as Escrituras descrevem sobre o significado de adoração. Vemos, por exemplo, igrejas que pagam R$100 para um pastor pregar e R$100 mil para um dirigente de louvor. Só aí já se vê o valor que é dado para a questão Palavra *versus* adoração. Multidões têm seguido esses líderes musicais, não somente para ouvir ou adorar, mas para shows e entretenimento. Além disso, muitas vezes esses líderes têm princípios de vida que não condizem com as determinações do Senhor, mas de artistas. Seus fãs assimilam a maneira como se vestem, sua perspectiva de vida e seu discurso, uma vez que eles se tornam os grandes protagonistas, no lugar de serem exemplos de adoradores e servos do Senhor.

A primeira palavra hebraica empregada para adoração, adorador ou adorar significa "servir", ou "ser servo", e é a palavra que dá origem ao nome de Obadias. Já a segunda palavra empregada para esse conceito descreve o ato de "prostrar-se", ou "curvar-se diante de". Portanto, a base do conceito de adoração não é cantar, tocar, fazer um show ou entrar em êxtase. Antes de qualquer outra coisa, adorar significa colocar-se curvado como um servo diante de Deus, a serviço dele, reconhecendo quem Ele é e assumindo que somos apenas servos e adoradores, contempladores prostrados e submissos diante da grandeza do Senhor. Obadias, então, é alguém que está à disposição de Deus como servo, o que significa o mesmo que um adorador.

PALAVRAS PARA EDOM E JUDÁ

Com relação à mensagem de Obadias, podemos dizer que ele profetizou para uma nação, mas com um olho em outro lugar. Observe o primeiro versículo do livro: "Visão de Obadias. Assim diz o Soberano, o Senhor, a **respeito de Edom**. Nós ouvimos uma mensagem do Senhor. Um mensageiro foi enviado às nações para dizer: Levantem-se! Vamos atacar **Edom**!". Está bem identificado aqui que Obadias profetizou acerca de Edom: um dos reinos vizinhos de Judá, que ficava ao sul do país, numa das regiões mais inóspitas da Terra, e com quem tanto Judá quanto Israel tinham um certo grau de parentesco e uma grande proximidade. Isto, pois o patriarca de Edom era Esaú, neto de Abraão, filho de Isaque e gêmeo de Jacó, o qual, por sua vez, teve seu nome trocado por Deus e deu o nome de Israel para a nação. As Escrituras descrevem que os irmãos, Esaú e Jacó, brigavam já no ventre de Rebeca, sua mãe. Durante sua vida, Esaú vendeu o seu direito de primogenitura a Jacó e foi trapaceado pelo irmão, com a apoio de sua mãe, o que criou um clima bastante antagônico entre eles. Jacó precisou fugir, para preservar sua vida, voltando posteriormente. É esse o contexto do surgimento da nação de Edom que, inclusive, falava a mesma língua que Israel e Judá, e que é o foco da palavra de Obadias.

Em certa ocasião visitei a Ilha das Peças, no Paraná, e ouvi a história de como o evangelho chegou até lá. Um missionário decidiu ir a uma ilha para pregar o evangelho, porém, foi ameaçado de morte e proibido de descer do seu barco. O missionário, então, começou a, constantemente, fundear o seu barco próximo à ilha e pregar o evangelho de lá mesmo, com um megafone. Um dia, ao olhar para trás, ele viu algo estranho: cerca de um quilômetro atrás dele, havia outra ilha, e a população daquele lugar, querendo ouvir a mensagem, entrava no mar até certa profundidade para conseguir escutar o missionário. Enquanto ele pregava para uma ilha, onde as pessoas não queriam escutar, na outra ilha elas estavam ouvindo e, inclusive, se convertendo. Esse quadro ilustra um pouco do que nos é apresentado no livro de Obadias. Mais de dois terços dos versículos deste livro são dirigidos a Edom, enquanto poucos são dirigidos a Judá. Minha impressão é que, apesar de o profeta estar falando a todo o tempo para Edom, ele o faz de maneira a que o povo de Judá possa ouvir e se inspirar na sua mensagem. São palavras direcionadas a Edom que, no entanto, podem também acalentar o coração do povo de Judá.

O livro de Obadias é muito oportuno os para nossos dias, visto que, de alguma maneira, o povo edomita tinha um grande paralelo com o nosso hoje: eles eram absolutamente secularizados. Não criam na existência de um deus, fosse ele qual fosse, e, até hoje, nenhum arqueólogo encontrou vestígios de idolatria e ídolos por parte deles. Não existia nenhum deus na vida e na avaliação deles, e eles se consideravam os próprios senhores em torno dos quais girava a história. Uma nação altamente antropocêntrica, como se tudo estivesse em torno do ser humano, a respeito do ser humano e fruto da realização humana. Parece que estamos descrevendo o nosso mundo atual, não é verdade? Obadias, então, chega com uma mensagem totalmente contraposta à mentalidade reinante em Edom, trazendo palavras de advertência e punição divina, por conta do que os edomitas haviam feito, nos mostrando que Deus é o centro e o grande promotor da história.

VISÃO DE DEUS

SOBERANO

Primeiramente, eu gostaria de destacar para vocês duas intensas concepções que Obadias tem acerca do Senhor, e que ele repassa para o povo nas suas profecias. A maneira como ele entrega a sua mensagem mostra, com claras evidências, que ele entende quem é, e como é, o seu Deus. A primeira dessas concepções é de que Deus é soberano. A história humana não transcorre, principalmente, em favor, ou em torno, do homem. Ele não é o grande ator; pelo contrário, é somente um coadjuvante, quando não um mero figurante. Além e acima da mão humana está a mão de Deus.

Vejamos, novamente, o versículo um: "Visão de Obadias. Assim diz o Soberano, **o Senhor**, a respeito de Edom: Nós ouvimos uma mensagem do Senhor. Um mensageiro foi enviado às nações para dizer: Levantem-se! Vamos atacar Edom!". Na primeira linha da mensagem que Deus mandou Obadias, o Seu servo, entregar aos edomitas, lemos que ela vem do soberano Senhor, aquele que tem todas as coisas debaixo do Seu controle e de quem nada foge ao Seu domínio. Com toda a Sua autoridade, Deus convoca as nações para atacar Edom, nação vizinha de Judá, por causa dos seus propósitos na vida de seu povo. Imagine a reação dos judeus que, ou estavam exilados na Babilônia, ou faziam parte do pequeno grupo que ficou vivendo na terra em meio às dificuldades, ao ouvir as palavras de Obadias e ter essa visão.

Ao longo da mensagem do profeta, entendemos bem o conceito de soberania de Deus, que se manifestava além das fronteiras de Israel e

Judá, fosse no aspecto militar ou político. Era Ele quem convocava um povo para atacar outro. Os edomitas, apesar de se considerarem os donos de sua própria história, eram uma pequena nação que, naquele tempo, não tinha um império significativo. No entanto, o fato é que, mesmo com respeito a outras nações, vemos nas Escrituras que Deus é quem está no controle, levantando e derrubando reis. As nações e seus líderes são coadjuvantes e figurantes, enquanto o Senhor soberano é o diretor. Quando Deus quis, Ele usou a Síria, o maior império na época. Usou também o Egito, a Babilônia, os persas, os gregos, os romanos, entre outros, porque Ele é o soberano Senhor. Por mais que essas nações tivessem recursos e pudessem levantar o pensamento de que seria impossível Deus fazer alguma coisa, isso não era, e nunca será, verdade.

Veja o seguinte versículo: "Ainda que você suba tão alto como a águia e faça o seu ninho entre as estrelas, dali **eu o derrubarei**, declara o Senhor" (v.4). Os edomitas tinham suas cidades escavadas na pedra, e mais adiante veremos como era a capital deles, em ambientes teoricamente bastante seguros. Todavia, vemos aqui que Deus não somente convocou algumas nações para atacar Edom, como também declarou que eles seriam derrubados, não tendo para onde fugir ou como se proteger. Podemos olhar para a história e lembrar dessas grandes nações — como os sumérios, os assírios, os egípcios e os hititas — e também de grandes impérios — como o Britânico, o Otomano e o Romano. Todos eles passaram, pois ninguém tem o poder de estabelecer o seu reino para sempre, a não ser que Deus assim o permita.

Os edomitas tinham posições privilegiadas em termos de segurança, e podiam duvidar que algo ruim lhes pudesse acontecer. Todavia, veja o que Obadias diz: "Se ladrões o atacassem, saqueadores no meio da noite — como você está destruído! — não roubariam apenas quanto achassem suficiente? Se os que colhem uvas chegassem a você, não deixariam para trás pelo menos alguns cachos? **Entretanto, como Esaú foi saqueado! Como foram pilhados os seus tesouros ocultos!**" (vv.5-6). Deus estava dizendo que Sua ação sobre Edom seria radical, e não algo comum, como quando um ladrão rouba apenas o que tinha como objetivo, ou como quando alguém colhe uvas e deixa passar alguns cachos. Ele estava determinando uma sentença sobre aquele povo, que levaria à sua total destruição. Como isso aconteceria? Lemos no versículo seguinte: "Empurram você para as fronteiras todos os seus **aliados**; enganam você e o sobrepujarão os seus **melhores amigos; aqueles que comem com você** lhe armam ciladas. E Esaú não percebe nada!" (v.7). Os agentes dessa ação destruidora seriam os próprios amigos e aliados dos edomitas, aqueles que comiam com eles.

De forma alguma, isso é algo raro ou inovador. Quando Pizarro liderou os espanhóis e invadiu as Américas, por exemplo, ele derrotou o Império Inca convencendo aliados e subjugados a entregarem os incas. O imperador inca naquele tempo, Atahualpa, era praticamente invencível, tendo diversos outros povos debaixo da sua autoridade e domínio. Ele construíra um império magnífico. É um privilégio, para quem visita o Peru hoje em dia, poder ver a tecnologia que foi desenvolvida e empregada pouco mais de cinco séculos atrás, e que até hoje é referência como construção e astronomia. Seus edifícios têm sua fundação estudada até os dias de hoje, por resistirem a terremotos. Eles também construíram mais de 30.000 km de estradas, algumas improváveis de serem viabilizadas. Como então, eles, que dominaram e aterrorizaram tantos povos, caíram nas mãos dos poucos espanhóis que chegaram ao seu território? Por meio das alianças que os europeus fizeram com os aliados e os povos subjugados por Atahualpa, e que culminaram em um golpe.

Outro exemplo é a decadência do Império Britânico após a Segunda Guerra Mundial. Até então, a Inglaterra era o grande império sobre o qual o Sol não se punha. Os Estados Unidos, país amigo, ao ver os quão desgastados e endividados eles estavam por conta da guerra, resolveu agir. Os americanos cativaram os aliados dos ingleses, transformando-os em seus próprios aliados, e destronaram a Inglaterra da condição de império hegemônico da época. Como vemos, esse procedimento de um país aliado dar o golpe no outro, é algo recorrente na história mundial.

Além disso, encontramos na mensagem de Obadias a reafirmação do Senhor de que Ele mesmo é quem atuaria nessa destruição: "Naquele dia, declara o Senhor, **destruirei** os sábios de Edom, e os mestres dos montes de Esaú" (v.8). A opinião e a mentalidade do povo eram formadas por seus sábios e mestres. Portanto, Deus diz que destruiria, inicialmente, esses formadores de opinião para, em consequência, alcançar os guerreiros e o restante da sociedade. Da mesma forma como foi Ele quem convocou a Babilônia para castigar Israel, agora é Ele quem está determinando que Edom seja punido por outras nações. O Senhor está aqui reafirmando que Ele é soberano e que não existe fato algum que fuja da Sua soberania. Muitas vezes, podemos não entender porque Deus permitiu algo acontecer, ou podemos ficar assustados com algo que está acontecendo, porém, o fato é que as Escrituras nos mostram que Deus é soberano e está no controle de todas as coisas.

RETRIBUIDOR

Mais do que uma visão de que Deus é soberano, Obadias tem também uma concepção muito clara de que o Senhor é um Deus retribuidor, e isso é um princípio da doutrina de Deus. Podemos olhar para o Senhor e enxergá-lo como bondoso, paciente, benigno e amoroso. Tudo isso é verdade, porém, é também verdade que Ele é Deus retribuidor. Observe o versículo 15: "Pois o **dia do Senhor** está próximo para todas as nações. **Como você fez, assim lhe será feito**. A maldade que **você praticou recairá sobre você**". O "dia do Senhor" mencionado nesse versículo é o dia do julgamento, ou da sentença de Deus, para Edom. Portanto, havia uma ação objetiva de Deus como resultado do que aquele povo tinha praticado. O mal que eles tinham feito a Judá justificava a retribuição do Senhor.

Considerando que Obadias viveu por volta da primeira metade do século 6 a.C., quais seriam esses males que sobreviriam a Edom, e sobre os quais o profeta se referia? No século 3 a.C., um povo aliado dos edomitas, os nabateus, conquistou e destruiu Edom como sociedade, mas acabou por absorver os edomitas no meio deles, mantendo-os sem nenhuma expressão. Já no século 2 a.C., no contexto da revolta judaica, João Hircano impôs aos idumeus (remanescentes dos edomitas) que vivessem e assumissem a identidade judaica. Um desses, inclusive, que era idumeu, mas que queria se passar por judeu, foi Herodes. Com a revolta que houve na terra de Israel, no ano 70 d.C., o general Tito cercou e destruiu a cidade de Jerusalém. A partir dessa ação romana, Petra se tornou a capital, os idumeus foram dizimados e não se ouviu mais falar deles. O dia da retribuição chegou para o povo de Edom. Lembre-se: assim como, individualmente, colhemos o resultado do que plantamos, as nações, no exercício de seu poder com opressão e injustiça, serão julgadas por seus males. Isso acontecerá no dia do Senhor, conforme o Seu modo, a Sua agenda e no Seu tempo.

PECADO A SER TRATADO

SOBERBA

O julgamento que Deus havia definido não aconteceu do nada, mas foi decorrente de ações e atitudes objetivas daquele povo. Sem sombra de dúvida, eu e você podemos ter parte no mesmo tipo de atitudes, o que, teoricamente, nos confere a infelicidade das mesmas consequências. O que foi, então, que Edom fez, que levou Deus a ser tão determinante, categórico e radical no cumprimento da Sua sentença contra aquela nação?

O primeiro grande pecado dos edomitas era a soberba. Veja o seguinte versículo: "A **arrogância** do seu coração o tem enganado, você que vive nas cavidades das rochas e constrói sua morada no alto dos montes; você que **diz a si mesmo: Quem pode me derrubar?**" (v.3). Eles eram autoconfiantes, arrogantes e presunçosos! Viviam com tanta segurança em si mesmos, que pensavam que jamais alguém poderia derrubá-los. Consta que, quando o *Titanic* foi lançado às águas, teriam dito que nem Deus poderia levá-lo a afundar, porém, como bem sabemos, ele afundou. Quanto a Edom, sua segurança seria esvaziada, visto que o Senhor foi muito claro no juízo contra eles: "Naquele dia, declara o SENHOR, **destruirei os sábios** de Edom, e **os mestres** dos montes de Esaú. Então **os seus guerreiros**, ó Temã, ficarão apavorados, e serão eliminados todos os homens dos montes de Esaú" (v.8).

Como já mencionado, os arqueólogos nunca encontraram, nos sítios do território edomita, qualquer vestígio de crença, ídolo ou idolatria. Além de serem absolutamente secularizados, suas terras eram rotas comerciais, o que os tornava bastante ventilados pelo conhecimento de outros povos, e seguros em sua própria sabedoria. Os edomitas consideravam que tudo vinha deles, acontecia por causa deles e para eles. Assim, quando Deus diz que destruiria, em primeiro lugar, o argumento dos sábios e mestres e, só então, os seus guerreiros, era, justamente, para acabar com toda sua soberba e arrogância. Por quê? Porque para Deus nenhum pecado é mais ofensivo que o orgulho. A confiança do que você pode fazer sem Deus é arrogância, e a confiança na sua própria capacidade é soberba. Ambas são odiadas por Deus e isso é algo que podemos perceber ao longo das Escrituras. Perto dessa época, por exemplo, o próprio Nabucodonosor foi punido por causa da sua arrogância, presunção e autoconfiança: "No entanto, quando o seu coração (de Nabocodonozor) se tornou arrogante e endurecido por causa do orgulho, ele foi deposto de seu trono real e despojado da sua glória. Mas tu, Belsazar, seu sucessor, não te humilhaste, embora soubesses de tudo isso" (Dn 5:20,22).

No livro de Provérbios lemos: "Há seis coisas que o **Senhor** odeia, sete coisas que **ele detesta: olhos altivos**" (Pv 6:16-17). Os olhos altivos aqui, que aparecem no topo das coisas que o Senhor odeia, equivalem à soberba e ao orgulho. Isto é, olhar para os outros de cima para baixo, ou achar que você tem condições de definir a sua vida, independentemente de Deus. Saiba que, se Deus não lhe conceder a capacidade, se Deus não lhe der uma oportunidade, se Deus não lhe der a força e a saúde para fazer o necessário, você não o fará. Nem mesmo a sua própria vida você consegue garantir, pois, quando, e se Deus quiser, Ele desliga o seu disjuntor principal e você apaga. Ainda em Provérbios, observe este versículo: "O orgulho vem antes da destruição; o espírito altivo, antes da queda" (16:18). É exatamente sobre isso que trata o profeta. Além de não haver motivos para a soberba, ela é efêmera e seguida de destruição.

Voltando para o texto de Obadias, observemos o versículo 3: "A arrogância do seu coração **o tem enganado**, [...] você que diz a si mesmo: **Quem pode me derrubar?**". A perspectiva da soberba embriaga a mente e compromete a percepção da realidade e das reações. A pessoa soberba tem uma percepção enganosa de si mesma. Ela acha que é alguma coisa quando, na verdade, não é, e acredita que tem algumas características divinas, como a de ter a prerrogativa decidir e determinar o seu futuro. Isso é engano! Já mencionamos anteriormente sobre a falsa segurança que os edomitas acreditavam ter em suas habitações, porém, eu gostaria de detalhar isso agora um pouco mais.

A terra na qual eles habitavam tinha muitas pedras calcárias vermelhas, e as construções que fizeram eram às avessas. Na verdade, eles não construíam, e sim, escavavam suas casas nas rochas. Essa prática foi ainda mais intensificada por seus conquistadores, os nabateus, e as evidências disso estão presentes na capital Petra, por exemplo. As construções eram as próprias rochas, o que lhes dava a falsa segurança de que ninguém os alcançaria ou destruiria.

Mais do que isso, o povo de Edom também vivia num lugar que talvez seja um dos mais inóspitos da Terra. Na região, num ano de fartura, chovia trinta milímetros de chuva. Para você ter uma ideia de quão pouco é isso, em Campinas já tivemos algumas chuvas que, sozinhas, foram maiores do que trinta milímetros. O fato de viverem em um lugar tão seco, isolado e com suas construções na rocha, dava-lhes a confiança de que nenhum mal poderia atingi-los. Todavia, Deus não aprovou a sua postura soberba e arrogante, e prometeu que os derrubaria. Afinal, é parte da ação de Deus destruir e levar à queda todos os soberbos e arrogantes.

PRAZER NO MAL DO INIMIGO

O segundo erro cometido pelo povo de Edom, era o prazer que eles tinham no mal do inimigo. Veja o que eles, possivelmente, fizeram, quando viram que os babilônios invadiram a cidade de Jerusalém, em 586 a.C.: "No dia em que você **ficou por perto**, quando estrangeiros roubaram os bens dele, e estranhos entraram por suas portas e lançaram sortes sobre Jerusalém, você fez exatamente como eles. Você não devia **ter olhado com satisfação** o dia da desgraça de seu irmão; nem **ter se alegrado com a destruição** do povo de Judá; não devia **ter falado com arrogância** no dia da sua aflição. Não devia **ter entrado pelas portas** do meu povo no dia da sua calamidade; nem devia **ter ficado alegre**" (vv.11-13). Encontramos aqui várias expressões que definem o que de mal fizeram: ficaram por perto, diante da desgraça que acontecia para Judá e para o povo de Jerusalém; olhavam com satisfação a desgraça de Judá; alegraram-se com a destruição; falaram com arrogância; entraram pelas portas e ficaram alegres. Em resumo, eles tiveram prazer em ver o mal que alcançava seu inimigo e gostaram de assistir ao sofrimento.

Vamos relembrar a origem da história de inimizade entre Edom e Jacó. O texto bíblico conta que, quando Rebeca estava grávida de Jacó, o patriarca de Israel e Judá, e de Esaú, patriarca dos edomitas, estes lutavam no seu ventre. Ao longo de suas vidas, houve disputa por aprovação e aceitação para terem a bênção dos pais. Os próprios pais tomaram partido e tinham seus preferidos: o pai, Isaque, ficou do lado de Esaú; e a mãe, Rebeca, ficou do lado do filho Jacó. Depois de um fato em que Jacó trapaceia seu irmão com a ajuda de sua mãe, Jacó tem que fugir para preservar a sua vida. Passados muitos anos, Jacó, já com família constituída, volta para a sua terra, porém, algum tempo depois, por causa de fome, ele vai para o Egito, juntamente com os seus. Apenas quatro séculos depois é que o povo de Israel volta do Egito, agora sob a liderança de Moisés, e, então, incomodam os edomitas que, por sua vez, proíbem os israelitas de passarem pelo caminho em sua terra. A hostilidade entre eles era secular e habitual. Portanto, quando o povo de Israel — de Judá mais especificamente — está passando pela desgraça com a invasão cruel dos babilônios, o povo de Edom se alegra e celebra.

Imagine, ou recorde, uma situação de sua vida, em que alguém que fez algum mal contra você o ofendeu, ou o feriu. Pode ser um parente, amigo ou vizinho que agiu de tal forma, que você o colocou na sua lista de inimigos. Então, quando surge um novo fato mau que acontece sobre a vida desse seu "inimigo", você celebra e diz: "Deus é pai! Oh Senhor, glória a ti, porque o Senhor estás retribuindo a essa pessoa o que ela fez contra mim!". Era isso que o povo de Edom estava fazendo e que nós, naturalmente, podemos fazer também, 2.600 anos depois. Este é um assunto tão sério que no livro de Provérbios lemos: "Não se alegre quando o seu inimigo cair, nem exulte o seu coração quando ele tropeçar, para que o Senhor não veja isso, e se desagrade, e desvie dele a sua ira" (24:17-18). Se você se alegrar por alguém estar recebendo um julgamento de Deus, fruto da justiça do Senhor, mesmo que seja por alguma coisa de errado que essa pessoa fez contra você, Deus reagirá. Se você se alegrar com o sofrimento de outro, mesmo que seja justo, você passará a ser o alvo da sentença do Senhor, pois Ele não admite que nos alegremos com qualquer tipo de desgraça.

Além de se alegrar com o mal de seus inimigos, os edomitas também se aproveitaram da situação em benefício próprio. No final do versículo 13 é dito: "…**nem ter roubado a riqueza dele no dia da sua desgraça**". O que os babilônicos não levaram de Judá, os edomitas foram lá e saquearam.

No versículo 14 lemos: "Não devia ter **esperado nas encruzilhadas**, para **matar** os que conseguiram escapar; nem ter **entregado os sobreviventes** no dia da sua aflição". Eles não apenas entregaram alguns sobreviventes, como mataram judeus que escaparam com vida. Deus estava exercendo o juízo sobre os de Judá, através dos babilônios, e, com isso, os edomitas não só comemoraram, como se aproveitaram da desgraça de seus irmãos.

No versículo 10, Obadias diz: "Por causa da **violenta matança** que você fez contra o seu irmão Jacó, você será coberto de vergonha e eliminado para sempre". E ainda, no 16: "Assim **como vocês beberam do meu castigo** no meu santo monte, também todas as nações **beberão sem parar**. Beberão até o fim, e serão como se nunca tivessem existido". Aquilo que Edom fizera contra Judá, agora seria feito com eles. A profecia estava dizendo que eles sumiriam como se nunca tivessem existido. Perceba que a arrogância, o desejo e o prazer maldoso contra o seu inimigo, não passam despercebidos diante de Deus. "Não se deixem enganar: de Deus não se zomba. Pois **o que o homem semear, isso também colherá**" (Gl 6:7). Essa é uma verdade que vale para nações e povos, como no caso de Edom, mas também vale para a nossa esfera pessoal.

POR FIM, O QUE PODEMOS ESPERAR?

O que podemos, então, aprender e tomar para nós da mensagem de Obadias? A partir do versículo 17, há uma dramática mudança de fluxo no livro, quando o profeta introduz uma mensagem bem diferente. A impressão que eu tenho é que, em todo o tempo, o profeta está falando para Edom, mas com um grande espelho, para que Judá também pudesse vê-lo e ouvi-lo. A partir daqui, no entanto, ainda que suas palavras ainda sejam direcionadas aos edomitas, ele está falando mais diretamente para Judá. Observe: "Mas no monte Sião estarão os que escaparam; ele será santo e **a descendência de Jacó possuirá a sua herança**" (v.17). Há aqui uma mudança, pois essa declaração era também para Judá e Israel: "a descendência de Jacó possuirá a sua herança".

Um pouco adiante, o profeta diz: "Os israelitas exilados se apossarão do território dos cananeus até Sarepta; os exilados de Jerusalém que estão em Sefarade ocuparão as cidades do Neguebe. **Os vencedores subirão**

ao monte de Sião para governar a montanha de Esaú. E o reino será do Senhor" (vv.20-21). Enquanto o destino de Edom era ser exterminado, deixando poucos vestígios de sua existência, Deus faz uma outra promessa para o povo de Judá. Eles estavam cativos, alijados do direito de viverem na sua terra e ansiosos por voltarem, quando Deus lhes diz: "Vocês voltarão, reconstruirão, vencerão e governarão!". Há aqui uma palavra de esperança, dizendo que a sorte do povo de Deus mudaria, apesar de estarem passando por tanta injustiça e sofrimento. De fato, seguindo-se a essa mensagem, homens como Zorobabel, Esdras e Neemias foram levantados por Deus, para liderar o retorno da Babilônia e a reconstrução da terra.

É o Senhor quem controla a história, e quem dará o último decreto. Por isso no final do versículo 21, o profeta diz: "E o reino será do Senhor". Deus tinha um plano para Israel e para Judá, porém, por causa da desobediência, eles foram punidos por Deus pelas mãos de outros povos. Deus usou os assírios para disciplinar o povo do Norte, de Israel, no ano de 722 a.C, assim como usou o povo babilônico para, em 606 a.C., dominar Judá e cercar Jerusalém, fazendo com que, 20 anos depois, em 586 a.C., a cidade caísse. Depois desse fato, em que Deus usou os babilônicos para disciplinar e castigar a terra de Judá, os edomitas fizeram mau uso do seu tempo, do seu prazer e da ação destruidora contra Jacó, que é Judá. Por isso, o Senhor lhes disse que seriam punidos e eliminados do mapa. Além disso, Ele fez uma promessa: "A nação de Judá será restaurada, o governo sairá de Jerusalém, e o reino será do Senhor!".

Vamos nos lembrar de alguns pontos que vimos até aqui. O nosso Deus se caracteriza por Sua soberania, não havendo nada que possa fugir ao Seu domínio. Os países que ocupam a posição de império, o ocupam com a permissão de Deus e segundo o propósito do Senhor. Aqueles que cometem, pela posição que ocupam, as injustiças e opressões, responderão diante de Deus. Não será você, nem eu, que corrigiremos a história; é Deus quem vai conduzi-la e corrigi-la. O fato é que, e mais uma vez eu digo, o nosso Deus é soberano.

Relembremos também que o Senhor é retribuidor, isto é, não há pecado que não será considerado e julgado por Deus. Temos a promessa, nas Escrituras, de que o Senhor Jesus Cristo seria enviado, tal como Ele foi, para que na cruz os pecados de todas as pessoas fossem lançados sobre

Ele. A retribuição, que era nossa, caiu sobre Ele na cruz. Ele foi julgado e condenado no lugar de cada um, de forma a podermos viver em paz com Deus. Uma vez que o Senhor Jesus Cristo foi punido pelos nossos pecados, a justiça já foi feita e, através da fé, podemos viver em paz com Deus. Se você ainda não chegou a Cristo, saiba que pode chegar e desfrutar do perdão, pois Ele morreu por seus pecados, a fim de perdoá-los.

Aos que já são filhos de Deus, como cristãos genuínos, saibam que sua arrogância e soberba, assim como o prazer e desejo pelo mal, não passam despercebidos pelo Senhor. Se alguém lhe fez algum mal, é lícito você querer justiça. Entretanto, entregue isso nas mãos de Deus e deixe que Ele faça justiça. A maneira como Ele cuidará de quem o ofendeu, já não é mais uma questão sua. Não fique esperando e querendo assistir na primeira fileira, enquanto come pipoca, quando Deus pesar a mão sobre essa pessoa, para sua diversão ou satisfação. Isso não dará certo. Se Deus puniu os inimigos do Seu povo, e Ele realmente puniu os edomitas por todo o mal que fizeram, Ele não tem qualquer problema em também punir os Seus filhos genuínos, por causa de seus pecados.

O povo de Judá foi dominado, levado, aprisionado e, praticamente, exilado na Babilônia. No entanto, Deus lhes diz: "Eu sou o seu Deus soberano. Fui eu que chamei e disciplinei vocês. Serei eu que os levarei de volta para a terra, pois eu estou no controle!". Isso vale para pensarmos na história humana e em tudo o que está acontecendo com nossa nação. Porém, vale também para descansarmos com respeito à nossa vida pessoal. Deus é soberano! É Ele que está no controle! É a Ele que prestaremos contas! Esse é o Deus do profeta Obadias!

PROFETAS MENORES

יונה

JONAS
O PROFETA DO BONDOSO SOBERANO

QUEM É O PROTAGONISTA DA HISTÓRIA?

O livro de Jonas possui características bem marcantes e, uma delas, é o fato de ser um livro bastante controverso. Em primeiro lugar, a narrativa o apresenta como controverso, pois, sendo Jonas um profeta, ele se nega a ir profetizar; e, quando o povo atende à sua mensagem, ele se entristece. Além disso, há vários aspectos do livro que são passíveis de discussão e sobre os quais são formadas diferentes opiniões. Há discussões, por exemplo, em torno do quanto a sua narrativa é literal, ou se é somente uma alegoria.

Diferentemente de alguns livros dentre os Profetas Menores, nos quais precisamos ficar tateando na história para tentar descobrir onde e quando ele apareceu, o livro de Jonas está bem localizado. Logo no início lemos: "A palavra do SENHOR veio a Jonas, filho de Amitai" (1:1). O nome de Amitai, pai de Jonas, aparece em outra passagem das Escrituras, a qual nos dá a pista de quando e onde o profeta viveu. Observe: "No décimo quinto ano do reinado de Amazias, filho de Joás, rei de Judá, Jeroboão, filho de Jeoás, rei de Israel, tornou-se rei em Samaria e reinou quarenta e um anos. Ele fez o que o SENHOR reprova e não se desviou de nenhum dos pecados que **Jeroboão**, filho de Nebate, levara Israel a cometer. Foi ele que restabeleceu as fronteiras de Israel desde Lebo-Hamate até o mar da Arabá, conforme a palavra do Senhor, Deus de Israel, anunciada pelo seu servo **Jonas, filho de Amitai, profeta** de Gate-Héfer" (2Rs 14:23-25).

Podemos afirmar, então, que Jonas é do tempo de Jeroboão II, que veio a reinar em Israel do ano 793 a 753 a.C. Mais do que isso, sabendo em que momento da história ele se situa, também sabemos que ele foi contemporâneo dos profetas Oseias e Amós.

No início desse período, a nação de Israel estava subjugada por uma das nações mais cruéis do mundo antigo. Eles eram um povo vassalo da Assíria que, durante 20 anos, permaneceu sob o poder de Salmanezer III, e depois mais alguns anos sob o comando de seu sucessor, Assur-dan III, que, por não ser tão eficiente, manteve um governo fraco. Era este o cenário, no período entre 760 e 740 a.C., quando Jonas profetizou que a nação se tornaria independente e recuperaria suas fronteiras. Encontramos aqui um homem que vivenciou tanto a situação de um povo subjugado, quanto a recuperação do território, da identidade e da independência nacional. Podemos dizer, então, que Jonas foi um profeta nacionalista.

Outro aspecto em que Jonas difere dos demais livros dos Profetas Menores, é que ele é uma narrativa. Quando lemos outros livros proféticos, encontramos majoritariamente palavras dirigidas ao povo. Em Jonas, no entanto, há apenas uma pequena referência à sua mensagem pregada, mas uma clara narrativa, e consequente descrição, de um profeta protagonista nas mãos de um Deus diretor, que comanda todos os movimentos da cena. Do primeiro ao quarto capítulo, nós encontramos uma narrativa com poucos personagens, o que pode levar muitos a concluírem que Jonas é o ator principal e grande protagonista dessa história. Uma vez que o profeta está bem presente em todos os capítulos, é fácil chegar a essa questionável conclusão. Eu gostaria, porém, de contrapor esse ponto, sugerindo e questionando seu suposto protagonismo.

O ROTEIRO DO LIVRO

CAPÍTULO UM

Logo no início do livro, vemos a ordem de Deus para Jonas: "Vá depressa à grande cidade de **Nínive** e **pregue contra ela,** porque a sua maldade subiu até a minha presença" (1:2). Os assírios, que tinham como capital a cidade de Nínive, haviam esgotado a paciência de Deus com as suas ações e maldades. Assim, o Senhor convoca e manda um profeta para anunciar o castigo que lhes enviaria. Nos versículos seguintes, é narrado o desenrolar dessa história. Jonas, que era da cidade de Gate-Héfer, conforme diz em 2 Reis, tinha a missão de ir para Nínive. Em seu caminho, que compreenderia cerca de 900 km, ele praticamente deveria subir um pouco ao norte, e depois a leste, alcançando assim a Mesopotâmia, região entre os rios Tigres e Eufrates. O que Jonas fez, porém, foi ir até o litoral, na cidade de Jope, e ali embarcar em um navio para Társis. Há diferentes ideias de onde seria Társis, mas as duas principais são que seria a oeste, a cerca de 2.100 km, onde é a Itália; ou, e mais provavelmente, a 3.200 km, na atual Espanha. Jonas saiu totalmente do roteiro que foi determinado por Deus. O Senhor o mandou ir para o Nordeste, onde ficava Nínive, no entanto, ele fugiu para o Ocidente.

Jonas era uma pessoa do interior, que não conhecia o mar, não sabia o que era navegar e, provavelmente, não estava acostumado com o movimento das ondas, muito menos durante uma tempestade. Quando, ao longo dessa viagem do profeta, o mar se enfureceu, o texto nos diz que ele foi para o porão do navio e se deitou. Qual a importância desta informação em meio a tantas coisas acontecendo? Muitos são os que, pelo simples fato de estarem numa embarcação em mar aberto, passam mal e, o único jeito de conter os enjoos e vômitos, é ficarem deitados, tal como Jonas fez. Enquanto isso, obviamente, os marinheiros estavam trabalhando tentando salvar suas próprias vidas. Eles sabiam que o navio menos carregado ofereceria menos resistência ao impacto das ondas, portanto, eles começaram a tirar a carga do navio, lançando-a ao mar. Os marinheiros fenícios detinham o seguimento do negócio de comércio e transporte marítimo. Aqui, porém, o desespero era tanto que eles acabaram lançando fora o seu próprio patrimônio na tentativa de se salvarem.

Mais do que descarregar o navio, aqueles homens também estavam fazendo orações aos seus deuses. O comandante, então, por alguma razão foi ao porão do navio e, quando viu Jonas deitado, disse: "O que você está fazendo aí meu amigo? Junte-se a nós e vamos orar!". Esta cena, além de ser muito curiosa, é um dos paradoxos deste livro: o momento em que o teólogo e profeta do Senhor Deus foi surpreendido por um comandante descrente no seu próprio Deus, porém religioso, que o exortou sobre ter piedade, orar e clamar. Jonas, mesmo sendo o profeta do Deus acima de todos, acolheu a advertência do comandante e subiu ao convés, o que acabou por intensificar a tempestade, em vez de aliviar a situação. Na compreensão teológica daqueles marinheiros, o mal que estava acontecendo era consequência de alguma coisa errada que eles haviam feito. Por causa disso, eles decidiram lançar a sorte para identificar quem era o culpado da tempestade. Ao fazerem isso, a sorte — chame você de sorte, se quiser — caiu sobre Jonas. Quando questionado, Jonas se identificou, de fato, como o problema e a medida que cabia, sugerida pelo próprio profeta, era lançá-lo ao mar. Apesar da insistência dos marinheiros em superar a crise, com todo o empenho e várias tentativas, a tempestade só aumentava e eles concluíram que, de fato, a única solução era jogar Jonas para fora do barco. Jonas concordou com eles e, assim que ele foi lançado para fora do barco, o mar se acalmou. O Senhor, no entanto, tinha uma providência para o profeta: "Então o SENHOR fez com que um grande peixe engolisse Jonas, e ele ficou dentro do peixe três dias e três noites" (1:17).

CAPÍTULO DOIS

O capítulo dois começa com o profeta orando ao Senhor: "Lá **de dentro do** peixe, Jonas orou ao SENHOR, ao seu Deus. Ele disse: Em meu desespero clamei ao SENHOR, e ele me respondeu. **Do ventre da morte gritei por socorro, e ouviste o meu clamor**" (2:1-2). Perceba que existem aqui duas orações e três momentos: o momento em que ele registrou a história, o momento em que estava dentro do peixe e o momento em que ele estava se afogando no mar. Esse versículo mostra uma oração de gratidão feita no ventre do peixe, na qual ele cita a oração de socorro que fizera antes, quando estava se afogando.

Se num primeiro momento Jonas teve uma espécie de espírito suicida, ao dizer aos marinheiros que o lançassem ao mar, depois, quando viu que a morte estava realmente se aproximando, ele clamou por socorro ao Deus a quem servia. O Senhor, por Sua vez, atendeu à oração do profeta e enviou o peixe que o recolheu provisoriamente. Dentro do mar, o processo de afogamento era tão ruim, que ser engolido por um peixe representava segurança. Nesse momento, então, Jonas orou novamente, reconhecendo a misericórdia de Deus e agradecendo a salvação que recebeu. Ele se arrependeu do que fizera, clamou por salvação e provou da bondade de Deus. Em seguida, como lemos no versículo 9, ele adorou ao Senhor e renovou os compromissos assumidos quando sua vida estava por um fio: "Mas eu, com um cântico de gratidão, oferecerei sacrifício a ti. O que eu prometi cumprirei totalmente. A salvação vem do SENHOR" (2:9). O texto não é explícito quanto ao que Jonas prometeu, mas, dada a ordem que Deus lhe dera anteriormente, de ir para Nínive, acredito que, enquanto se afogava, o profeta disse: "Senhor, eu vou para Nínive!". Nessas condições, e terminada a lição, o peixe vomita Jonas: "E o SENHOR deu ordens ao peixe, e ele vomitou Jonas em terra firme" (2:10).

CAPÍTULO TRÊS

No início do capítulo três, Jonas é mais uma vez chamado pelo Senhor para ir até Nínive: "**Vá à grande cidade de Nínive e pregue contra ela a mensagem que eu vou dar a você**" (3:2). Nínive era a capital do Império Assírio, potência hegemônica daqueles dias, e lá habitavam pelo menos 120 mil pessoas, havendo alguns cálculos que elevam esse número para 500 mil. Chegando a Nínive, Jonas gastou três dias percorrendo a cidade para entregar a mensagem de Deus a todas as pessoas. Para sua surpresa, observe o que diz o versículo cinco: "Os ninivitas creram em Deus. Proclamaram jejum, e todos eles, do maior ao menor, vestiram-se de pano de saco". Apesar da indisposição de Jonas, que não queria pregar, as pessoas de Nínive foram tocadas, creram e se arrependeram.

Mais do que isso, elas também resolveram mudar de atitude. O vestirem-se de panos de saco, mencionado no texto, revelava uma postura de humildade. O decreto do rei por jejum era um clamor por misericórdia e compaixão. A expectativa deles era a seguinte: "Cubram-se de pano de saco, homens e animais. E todos clamem a Deus com todas as suas forças. Deixem os maus caminhos e a violência. Talvez Deus se arrependa e abandone a sua ira, e não sejamos destruídos" (3:8-9). Aquele povo acolheu a mensagem pregada por Jonas e passou por uma espécie de despertamento espiritual. As pessoas se arrependeram dos pecados denunciados e tiveram a disposição de parar de fazer o que estavam fazendo de mal.

No versículo 10 é dito: "Deus viu o que eles fizeram e como abandonaram os seus maus caminhos. Então Deus se arrependeu e não os destruiu como tinha ameaçado". Os pecados daquele povo estavam entalados na garganta de Deus, por isso Ele enviou Jonas para comunicar a destruição de Nínive. Todavia, eles se arrependeram de tal forma que Deus mudou a Sua posição. Em vez de despejar o Seu julgamento, Deus os surpreendeu com misericórdia e compaixão. Isso foi motivo de alegria para Deus e para o povo de Nínive, mas não para o profeta.

CAPÍTULO QUATRO

Observe o início do capítulo quatro: "Mas Jonas ficou profundamente descontente com isso e enfureceu-se" (4:1). O roteiro que Jonas imaginara para essa história incluía Deus destruir aquele povo. Quando, porém, ele viu a postura misericordiosa de Deus perante os ninivitas, ficou indignado. A sua ira neste momento é contraposta à calma do Senhor, que propõe um diálogo com o profeta: "Mas Deus disse a Jonas: Você tem alguma razão para estar tão furioso por causa da planta? Respondeu ele: Sim, tenho! E estou furioso a ponto de querer morrer" (4:9). Analisando o texto, vemos que Jonas sequer respondeu. Ele era um indivíduo petulante, que deu as costas para Deus, escolheu um lugar e ficou observando a cidade para ver o que aconteceria.

Deus, então, resolve fazer uma experiência com o profeta. O texto nos conta que Jonas estava debaixo do Sol, naquele calor do Oriente Médio que, à sombra, chega facilmente a 50ºC, quando uma planta começou a nascer. Ela fez alguma sombra sobre sua cabeça, o que o deixou bastante aliviado e contente. No entanto, no dia seguinte, uma lagarta acabou por matar a planta, permitindo que o Sol a secasse e que o vento arrancasse suas folhas. Ao sentir o Sol novamente batendo em sua cabeça, voltaram os pensamentos suicidas de Jonas, por isso Deus lhe perguntou: "…Você tem alguma razão para estar tão furioso por causa da planta? Respondeu ele: Sim, tenho! E estou furioso a ponto de querer morrer" (4:9). Quanta ousadia responder assim para Deus! E quanta indignação porque as coisas não aconteceram da forma como ele queria!

O livro acaba de forma abrupta, aparentemente sem conclusão ou aplicação prática, logo após o Senhor fazer uma pergunta que seria para levar

Jonas a alguma reflexão: "Você tem compaixão da planta e não vou eu ter compaixão dessa cidade de Nínive?".

São quatro breves capítulos, com apenas alguns personagens: Jonas, os marinheiros, o comandante do navio, o peixe, o povo de Nínive e o verme. À primeira vista, nessa história tão simples e de poucos personagens, Jonas parece ser o grande protagonista. Entretanto, pensamos assim, pois olhamos para a história apenas com olhos humanos e mundanos, sem perceber quem é o grande protagonista deste livro. Minha proposta a partir de agora é que, focando em alguns dos eventos ocorridos, olhemos a história de Jonas com uma outra lente, que revela tanto a pessoa quanto o caráter de Deus.

UMA HISTÓRIA PARALELA

PRIMEIRO EVENTO: O ENVIO DE JONAS A NÍNIVE

Vejamos, novamente, o seguinte versículo: "Vá depressa à grande cidade de Nínive e pregue contra ela, porque a sua maldade subiu até a minha presença" (1:2). Por que Deus estaria mandando Jonas àquela cidade? E por que Jonas fugiu da determinação divina? Nínive era a capital do Império Assírio, cujo povo era muito conhecido por sua crueldade. Aos povos que eles conquistavam, costumavam cortar os membros das pessoas e fazer montes com as cabeças, braços, pernas etc. Aos nobres, eles davam tratamento diferenciado: arrancavam cuidadosamente a pele dos líderes e os deixavam ao Sol. Por vezes, esses líderes eram empalados, isto é, um pedaço de madeira lhes transpassava o corpo, do ânus até a boca.

Os assírios eram conhecidos por sua crueldade e, não há dúvida, de que mereciam ser destruídos. Eles haviam passado dos limites e Deus estava pronto a fazer justiça e castigá-los. No entanto, diante da ordem que Ele deu a Jonas, o profeta tentou fugir da presença do Senhor: "Mas Jonas fugiu da presença do SENHOR, dirigindo-se para Társis. Desceu à cidade de Jope, onde encontrou um navio que se destinava àquele porto. Depois de pagar a passagem, embarcou para Társis, para fugir do SENHOR" (1:3). É possível que Jonas tenha fugido por medo. Afinal, além dos assírios serem cruéis com os povos conquistados, ainda no reinado de

Jeroboão, Jonas profetizou dizendo que Israel se tornaria independente do poder Assírio, o que, de fato, aconteceu. Provavelmente, o serviço de inteligência da Assíria sabia quem era Jonas, filho de Amitai, aquele que anunciara o que veio a acontecer: a independência da nação de Israel. Não seria algo muito diferente do que, no período da Segunda Guerra Mundial, Deus mandar um judeu a Berlim colocar o dedo no nariz de Hitler, dizendo que o Seu povo seria liberto.

Apesar de ser razoável pensar que o medo foi a causa da fuga de Jonas, não é o caso aqui. Se ele não teve medo de enfrentar o próprio Deus, faria sentido ele temer o reino assírio? A verdadeira razão pela qual ele fugiu nos é apresentada no seguinte versículo: "E orou ao Senhor e disse: Senhor, **não foi isso que eu disse quando ainda estava em casa? Foi por isso** que me apressei em fugir para Társis. Eu sabia que tu és Deus **misericordioso** e **compassivo**, muito **paciente**, cheio de **amor e que prometes castigar, mas depois te arrependes**" (4:2). Conhecendo o que conhecia de Deus, Jonas sabia que o Senhor estava pronto a perdoar aquele povo contra quem ele profetizara. O profeta sabia que, através da sua pregação, aquele povo poderia se arrepender e ser poupado, e ele não queria que isso acontecesse. Existe um Deus nessa história, que está definindo as coisas e que, apesar de toda a amargura de Jonas, mantém a Sua bondade. Jonas é um personagem importante nessa história, porém, muito mais do que Jonas, há aqui um Deus com autoridade para ordenar e fazer com que ele vá. Esse é o nosso Deus: bondoso e que define o que quer e como quer. Neste caso, o Seu plano era alcançar o povo de Nínive com a Sua bondade e misericórdia, e assim Ele o fez.

SEGUNDO EVENTO: A PRESERVAÇÃO NA TEMPESTADE

Outro evento para o qual eu quero chamar sua atenção é a maneira como Jonas foi preservado durante a tempestade. Quando ele entrou no barco para fugir, indo na direção oposta ao destino determinado pelo Senhor, o texto nos diz: "**O Senhor, porém, fez soprar** um forte vento sobre o mar, e caiu uma tempestade tão violenta que o barco ameaçava arrebentar-se" (1:4). O texto enfatiza que aquele vento não foi algo impessoal, e sim soprado pelo Senhor. Aquela tempestade não surgiu por acaso naqueles dias, mas já fazia parte de algo que estava debaixo da coordenação de

Deus. De alguma maneira Jonas, apesar do seu conhecimento acerca de Deus, pensava que conseguiria evitar e fugir do plano divino. Durante o drama, enquanto as ondas batiam no barco, ele não apenas percebeu que o impacto das ondas desmontaria o barco, mas também dissolveu sua ideia de que poderia escapar do Senhor.

Foi neste momento que os marinheiros começaram a jogar a carga fora, sabedores de que alguém embarcado era o responsável pela crise, e que existia uma ação de uma divindade para justamente castigar tal pessoa. No texto é dito: "Então os marinheiros combinaram entre si: "Vamos tirar sortes para descobrir quem é o responsável por esta desgraça que se abateu sobre nós". **Tiraram sortes, e a sorte caiu sobre Jonas**" (1:7). Se você é um crente mais antigo, talvez já tenha ouvido dizer que "sorte é coisa do diabo". Isso pode até ser verdade, porém, quando Deus manda, até o diabo obedece, não é verdade? Se aquele jogo de sorte era do diabo, saiba que Deus interferiu e permitiu que saísse o nome de Jonas.

Uma vez que a sorte caiu sobre Jonas, os marinheiros o indagaram sobre o que ele havia feito. Ele, então, se apresentou e fez uma confissão de fé conservadora e consistente: "Ele respondeu: Eu sou hebreu, adorador do Senhor, o Deus dos céus, que fez o mar e a terra. Com isso eles ficaram apavorados e perguntaram: '**O que foi que você fez?**', pois sabiam que Jonas estava fugindo do Senhor, porque ele já lhes tinha dito" (1:9-10). Quando os marinheiros entenderam que se justificava aquela tempestade que os ameaçava, eles ainda tentaram preservar a vida de Jonas e contornar a ameaça da catástrofe. Essa solução, no entanto, ficou inviável, e até o próprio Jonas sabia que ele precisava ser jogado no mar. Quando o fizeram, o texto nos fala que, logo a seguir, o mar se aquietou: "Então, pegaram Jonas e o lançaram ao mar enfurecido, e **este se aquietou. Ao verem isso, os homens adoraram ao Senhor** com temor, oferecendo-lhe sacrifício e fazendo-lhe votos" (1:15-16).

Os marinheiros daquele barco eram pagãos idólatras, adoradores de deuses fenícios, que, ao verem a tempestade se acalmar, adoraram ao Senhor com temor, ofereceram-lhe sacrifícios e fizeram-lhe votos. De alguma maneira, ficou evidente para eles que a tempestade não era fruto do acaso, mas que veio porque Deus determinou e, quando Ele alcançou o Seu propósito, ela passou. Jonas é um ator importante nessa história, porém, ele é somente um coadjuvante. Quem fez acontecer a tempestade não foi ele. Quem estava acalmando esse mar, quando acabou a tempestade, não foi ele. Deus está dentro dessa história fazendo com que ela aconteça. É Deus quem manda Jonas, é Deus que traz a tempestade, é Deus que acalma a tempestade, e foi Deus que salvou a vida daqueles marinheiros. Confesso que, por muito menos, eu já teria me livrado de Jonas. O Senhor, porém, poupou tanto a vida do profeta, quanto daqueles marinheiros idólatras, devido à Sua tamanha bondade.

TERCEIRO EVENTO: JONAS É LANÇADO NA ÁGUA

O próximo evento demonstra, mais uma vez, a determinação do soberano Deus: "Então o **Senhor fez com que um grande peixe engolisse Jonas**, e ele ficou dentro do peixe três dias e três noites" (1:17). Não foi, simplesmente, um peixe desavisado, que não sabia que havia ali um profeta indigesto para engolir. Foi Deus que mobilizou o peixe! Nós não sabemos qual é o tipo de peixe, ou qual a sua classificação, pois nem eles na época tinham esses tipos de divisões científicas. O que sabemos, no entanto, é que Deus coordenou que aquele peixe aparecesse e ficasse com Jonas durante três dias. No plano de Jonas, o alvo era o suicídio, e seria natural que o peixe o comesse. No plano de Deus, porém, o alvo era salvar o profeta, por isso ele acaba sendo engolido para sobreviver. Ele mesmo diz: "Afundei até os fundamentos dos montes; a terra cujas trancas estavam me aprisionando para sempre. **Mas tu trouxeste a minha vida de volta da cova, ó Senhor meu Deus!**" (2:6). O profeta agradeceu pela libertação do processo de morte em que ele estava ao afundar-se naquele mar. Alguns estudiosos entendem que Jonas morreu naquele momento. Minha percepção, porém, é outra. O fato de ele dizer que veio "de volta da cova" não significa, necessariamente, uma linguagem literal, de algo já realizado. Ele afirma que já estava morto pela falta de possibilidade de sobreviver, quando o Senhor o trouxe de volta.

Um pouco mais adiante, o profeta diz: "Aqueles que acreditam em ídolos inúteis desprezam a **misericórdia**" (2:8). Ele reconhece que, apesar de toda sua petulância, desobediência e arrogância, Deus manteria a Sua palavra e a Sua marca de misericórdia. Deus fez uma aliança com o Seu povo, e Jonas sabia que a sua salvação era decorrente disso. Mais uma vez, a soberania e a bondade do Senhor estão em evidência, ainda que sutilmente ocultos, tanto no peixe que engoliu o profeta, quanto na tempestade imprevista, no vento que passou etc. E o texto continua mostrando que a ordem partiu de Deus: "E **o Senhor deu ordens ao peixe** e ele vomitou Jonas em terra firme" (2:10). Talvez você diga que, por ter engolido alguém como Jonas, mais cedo ou mais tarde seria inevitável que o peixe o colocasse para fora. De fato, há a possibilidade de que isso acontecesse naturalmente. Todavia, a mão soberana de Deus estava nessa história, e Ele, em Sua infinita misericórdia, usou aquele peixe para preservar a vida de Jonas, resgatá-lo e, posteriormente, deixá-lo em algum lugar de onde ele poderia sair para o seu destino.

QUARTO EVENTO: JONAS É REENVIADO A NÍNIVE

No início do capítulo três nós lemos: "A palavra do Senhor veio a Jonas pela segunda vez com esta ordem: '**Vá depressa à grande cidade de Nínive** e pregue contra ela. A sua malícia subiu até a minha presença'" (3:1-2). A malícia de Nínive chegou a tal ponto que passou dos limites da tolerância de Deus. Por isso, Ele não apenas decide julgar aquele povo, mas apressa o profeta para ir até lá e profetizar a Sua mensagem. Jonas, então, após ter sido salvo de uma morte eminente no meio do mar, arrastado e levado por um peixe, finalmente chega a Nínive, onde passa três dias anunciando o juízo divino. Sua expectativa era de que Deus destruísse aquele povo marcado por tanta maldade. No entanto, para surpresa do pregador, o povo se arrependeu. Eles creram em Deus e oraram expressando humildade. O rei, inclusive, decretou como eles deveriam se comportar, dizendo: "Cubram-se de pano de saco homens e animais e todos clamem a Deus com todas as suas forças. Deixem os maus caminhos e a **violência**" (3:8).

Deus insistiu para que Jonas fosse pregar em Nínive. Deus fez com que os ninivitas entendessem a Sua mensagem. Deus, em função da resposta deles de abandonar os maus caminhos, mudou a Sua direção. Ele estava a ponto de destruí-los, mas se arrependeu: "Deus viu o que eles fizeram e como abandonaram os seus maus caminhos. Então **Deus se arrependeu e não os destruiu** como tinha ameaçado" (3:10). Talvez essa história diga para você que nós podemos mudar o coração de Deus. Considere, entretanto, que Deus insistiu para que Jonas fosse até Nínive. Ele não precisaria enviar um profeta para, simplesmente, destruir aquele povo. Ele enviou um profeta até lá, pois perdoar era algo que já estava no coração de Deus, e Jonas sabia muito bem disso. Deus levou os ninivitas ao arrependimento, ou seja, eles apenas fizeram o que o Senhor queria que fosse feito. Jonas anunciou o castigo que estava prometido, porém Deus, em Sua imensa misericórdia e bondade, fez com que eles se arrependessem e fossem preservados.

QUINTO EVENTO: O ÚLTIMO DIÁLOGO

Jonas já foi classificado como um profeta paradoxal. Ele é um porta-voz de Deus, porém, quando Deus manda uma mensagem, ele não quer anunciar. Ele fala que quer morrer, no entanto, quando está quase se afogando no meio do mar, pede para que Deus o livre. Ele vai para Nínive e prega, fazendo com que o povo se converta, mas fica aborrecido. Mais do que isso, o texto nos diz que ele não apenas se entristece, como fica furioso: "Mas Jonas ficou profundamente **descontente** com isso e **enfureceu-se**" (4:1). Ele sabia que, com o arrependimento dos ninivitas, Deus mudaria a história. Afinal, o Senhor é bondoso, misericordioso e compassivo. Jonas estava lá para cumprir o propósito de Deus, no entanto, o que ele realmente queria era que se cumprisse a destruição dos ninivitas. A indignação do profeta era tanta que, quando o Senhor lhe perguntou se aquela ira era razoável, ele deixou Deus falando sozinho e escolheu um lugar para apenas observar a cidade. Sentou-se ali sob aquele Sol, porém, a temperatura era tão elevada que ultrapassava os 50ºC.

"Então o **Senhor Deus fez** crescer uma planta sobre Jonas, para dar sombra à sua cabeça e livrá-lo do calor, e Jonas ficou muito alegre. Mas na madrugada do dia seguinte, **Deus mandou uma lagarta** atacar a planta de modo que ela secou. Ao nascer do sol, **Deus trouxe um vento oriental** muito quente, e o sol bateu na cabeça de Jonas, a ponto de ele quase desmaiar..." (4:6-8). Primeiro, Deus aliviou o calor de Jonas ao fazer crescer a planta. No dia seguinte, porém, Ele mandou uma lagarta para matar a planta e um vento para arrancar suas folhas. Pela descrição dos livros, esse vento oriental parece muito com o vento típico do litoral de São Paulo, o Noroeste, que além de quente e irregular, parece que vem de todas as direções.

Naquele momento, em que o vento levou as folhas e Jonas já não tinha mais sombra sobre sua cabeça, voltou o seu espírito suicida: "…Com isso ele desejou morrer, e disse: '**Para mim seria melhor morrer do que viver**'. Mas Deus disse a Jonas: 'Você tem alguma razão para estar tão furioso por causa da planta?' Respondeu ele: 'Sim, tenho! **E estou furioso a ponto de querer morrer**'" (4:8-9). Jonas era, realmente, um homem muito corajoso e arrogante. Deus estava conversando com ele o que, além de ser algo incomum, principalmente para alguém teimoso e obstinado como Jonas, era também um enorme privilégio. A atitude do profeta, entretanto, é péssima. Qualquer ser humano no lugar de Deus acabaria com Jonas. Todavia, a ação e reação de Deus são regidas por paciência e tranquilidade, consequência da segurança de quem tem tudo sob controle. Enquanto Jonas queria forçar a história a acontecer tal como ele achava que deveria ser, o Senhor, com paciência, mantém um diálogo, tentando levar o profeta a uma postura razoável.

O GRANDE PROTAGONISTA

Para considerarmos Jonas como o grande ator dessa história, precisamos entender, então, que, fora do palco da história humana, existe um diretor: o Deus soberano e bondoso, que controla todas as coisas. Deus envia Jonas, embora ele pudesse tentar fugir. Deus o deixa entrar no barco para Társis, levanta a tempestade e define a sorte que caiu sobre o profeta. Deus leva os marinheiros a um consenso de que devem lançar Jonas ao mar. É Deus que, depois de quase deixar Jonas morrer, por Sua misericórdia, manda o peixe vomitar o profeta. Deus diz, pela segunda vez, para Jonas ir até Nínive e atua no coração daquele povo, para que eles se arrependam. Sem dúvida alguma há aqui a presença de um Deus soberano que, se não é o grande protagonista, é o diretor dessa história.

Além de soberano, o diálogo do capítulo 4 revela um Deus extremamente bondoso, amoroso e paciente. Ele poderia ter destruído os fenícios idólatras que trabalhavam no navio. Ou poderia ter destruído o Império Assírio por tantas crueldades praticadas. Ou ainda, poderia ter escolhido um profeta menos obstinado e desobediente para ser usado por Ele. Porém, não é isso que Deus faz. Ele insiste com Jonas, mesmo tendo que provocar uma tempestade e designar um peixe para uma tarefa especial. Essa verdade, de que Deus nos ama, é paciente e bondoso conosco, é algo que nos deveria deixar aliviados.

Precisamos crescer em aprender a ver e nos relacionar com Deus dessa maneira. Precisamos viver com essas percepções, de que Deus está no controle e é bondoso. O nosso Deus é Soberano, não tem nada que foge ao Seu controle. Você pode ver a tempestade, a planta secar, ou um peixe o engolir, porque Deus é soberano e nada foge do Seu controle. As coisas que nos ameaçam, não ameaçam o propósito de Deus. Não são as circunstâncias ou a sua teimosia que vão mudar os propósitos do Senhor. Ele é absolutamente soberano. Além disso, Deus também é profundamente misericordioso, compassivo, bondoso e paciente. Ele não é alguém que fica à espera para lhe dar um "tapa" e castigá-lo. Se Ele manifestou toda a Sua bondade com fenícios idólatras, ninivitas cruéis e com um profeta teimoso, por que não o fará com todos os Seus filhos? Estas são duas verdades das quais devemos nos lembrar constantemente: a consciência da soberania e da bondade de Deus. O personagem principal da história é o Senhor! O resto, todos nós, somos apenas figurantes.

PROFETAS MENORES

מיכה

MIQUEIAS
O PROFETA DE UM DEUS QUE CONDENA E PERDOA

O QUE DEUS QUER DE VOCÊ?

Em hebraico, o nome do profeta Miqueias é apenas *Michah*, o que, provavelmente, é uma abreviação ou um encurtamento de um nome. *Michah* pode ser parte da composição do nome "Michael", cujo significado é "aquele que é como Deus", e que dá origem ao nosso nome "Miguel". Ou, também pode ser *Michaia*, cujo sentido é "quem é como Jeová", ou "aquele que é como Jeová". No caso do profeta, acredito tratar-se de uma abreviação de "Michaia", por essa razão tornou-se Miquéias em português.

Antes de entrarmos no estudo do livro propriamente dito, eu gostaria que você imaginasse comigo certas situações, algumas das quais é possível que você já tenha vivenciado. Imagine que você tenha alguns exames médicos importantes para fazer, por apresentar sintomas que levantam suspeitas com relação à sua saúde. É natural, nessa situação, você trazer certo receio de um diagnóstico desfavorável e então, no seu íntimo, pensar: "Deus me livre!" Quando você pensa na possibilidade de passar por um acidente de carro, ou de passar pela experiência de um assalto, é normal pensar ou exclamar algo como: "Deus me livre!" Sempre que vislumbramos uma ameaça ou crise, nós naturalmente desejamos que Deus nos livre. Por vezes, o Senhor realmente nos livra dessas situações. Entretanto, nós encontramos irmãos em Cristo que têm diagnósticos ruins, são assaltados, sofrem acidentes, perdem seus empregos, entre outros exemplos, e isso é algo que, eventualmente, acontece com cada um de nós.

Observe o que Miqueias diz no seguinte versículo: "Ouçam, ó montes, a acusação do Senhor; escutem, alicerces eternos da terra. Pois o Senhor tem uma acusação contra o seu povo; ele está entrando em juízo contra Israel" (6:2). Eles estavam sendo convocados pelo próprio Deus para um julgamento no tribunal divino. Se ouvíssemos algo assim, será que nossa primeira reação não seria falar: "Deus me livre"? O profeta também diz: "Ouçam, todos os povos; prestem atenção, ó terra e todos os que nela habitam; que o Senhor, o Soberano, do seu santo templo, testemunhe contra vocês" (1:2). Miquéias, em seu livro, traz uma perspectiva de que Deus é, ao mesmo tempo, testemunha, promotor e soberano juiz na acusação que tem contra Israel e Judá, por causa de certa culpa que eles têm. Ele se concentra na realidade de quem é o juiz, pois sabe que isso muda por completo o cenário. Só de considerar a ideia de ter Deus como meu acusador, ou testemunha de acusação contra mim, já me faria dizer: "Deus me livre!". O acidente de carro, o assalto, a perda do emprego ou a notícia ruim não são nada perto dessa possibilidade.

O livro de Miqueias é um livro que, continuamente, trata com a culpa real do povo, até chegar ao ponto de Deus dizer: "Basta, chegou a hora do juízo!" Ainda no capítulo primeiro, veja o que ele descreve: "Pois a ferida de **Samaria** é incurável; e chegou a **Judá**. O flagelo alcançou até mesmo a porta do meu povo, até a própria Jerusalém! Não contem isso em **Gate**, e não chorem. Habitantes de Bete-**Ofra**, revolvam-se no pó. Saiam nus cobertos de vergonha, vocês que moram em **Safir**…" (vv.9-11). Ele cita uma série de nomes para descrever o que é o juízo de Deus. Bete-Ofra, por exemplo, já era uma cidade conhecida por sua poeira, pois Ofra, em hebraico, significa "casa do pó". Mesmo assim, o profeta diz que eles se revolverão no pó. Quando se dirige aos habitantes de Safir, que significa agradável e prazerosa, ele diz que andarão nus na cidade, isto é, terão a marca da vergonha. Seria algo semelhante a se, no Brasil, Deus nos desse um juízo específico e dissesse: "Porto Alegre, muitas lágrimas correrão no rosto de vocês!"; "Curitiba (que em tupi-guarani significa pinheiral), suas árvores serão derrubadas!"; "Salvador, não há salvação para vocês!"; "Fortaleza, seus muros serão derrubados!". Toda a mensagem de Miquéias é uma comunicação da indignação de Deus com o Seu povo, e de derramamento de justiça e juízo sobre eles. Uma situação como essa pode trazer muitas perguntas, dúvidas e incertezas, no entanto, existem duas certezas que podemos e devemos ter.

PRIMEIRA CERTEZA: O PECADO SEMPRE LEVA À PERDA E DESTRUIÇÃO

PECADOS COMETIDOS

A primeira certeza é que, apesar de parecer o contrário, o pecado sempre leva à perda e destruição. O pecado se apresenta como agradável, prazeroso, vantajoso e, de fato, ele pode trazer alegria por algum tempo. A lição que aprendemos neste livro, porém, é que o engano e a sedução do pecado têm, no final, um gosto amargo na boca. Por isso, eu gostaria, então, de identificar e focar nos pecados específicos daquele povo que são tratados por Miqueias. Mesmo porque, alguns deles talvez sejam aceitáveis e vistos por nós com naturalidade, como se não fossem pecados.

Observe o seguinte texto: "Ai daqueles que **planejam** maldade, dos que **tramam** o mal em suas camas! Quando alvorece, eles o **executam**, porque isso eles podem fazer" (2:1). Aquele povo estava em casa, tramando sobre quais males fazer e em qual dia teriam oportunidade de realizá-los. Não era uma incontinência pontual, mas algo pensado. Logo em seguida o profeta acrescenta: "**Cobiçam** terrenos e **se apoderam** deles; **cobiçam** casas e as **tomam**. **Fazem violência** ao homem e à sua família, a ele e aos seus herdeiros" (2:2). Havia ali uma ação de violência. Eles cobiçavam as propriedades dos outros e tomavam posse, ou seja, eram culpados de grilagem de terras. Assim como nos dias de Miqueias, a grilagem das terras nos lugares mais remotos do nosso Brasil ainda é uma realidade. Há um homem que, eventualmente, é chamado para ir à minha casa para fazer serviços de manutenção, e cuja história de origem é muito triste. Apesar de ser de uma família bem-posicionada no interior de Pernambuco, ele teve que partir de lá, pois muitos dos membros de sua família estavam sendo mortos por causa de lutas de poder e propriedades. Era esse o tipo de violência para obter terras que também estava sendo praticado no meio do povo de Deus.

Outro pecado bem presente era a soberba, que sempre foi uma grande ofensa a Deus: "Portanto, assim diz o Senhor: Estou planejando contra essa gente uma desgraça, da qual vocês não poderão salvar-se. Vocês já não vão andar com **arrogância**, pois será tempo de desgraça" (2:3). O povo a quem Miqueias se dirigia era soberbo e arrogante. Eles não somente olhavam para os demais como se fossem inferiores, mas também achavam que tudo girava em torno deles mesmos. Já no capítulo 3 aparece mais um pecado: "Mas odeiam o bem e amam o mal; arrancam a pele do meu povo e a carne dos seus ossos" (v.2). De alguma maneira, a liderança e os mais ricos estavam subjugando o povo, tentando levar grande vantagem e deixando seus funcionários e empregados sem nada. Eles tinham amor ao ganho em detrimento das pessoas. Para lucrar o máximo possível ao administrar seus negócios pessoais, eles acabavam também sendo desleais e desonestos: "Não há, na casa do ímpio, o tesouro da impiedade, **e a medida falsificada**, que é maldita? Poderia alguém ser puro com **balanças desonestas** e **pesos falsos**?" (6:10-11). No comércio, era comum usarem o que ele descreve como "medida falsificada", ou seja, entregavam menos do que aquilo que tinham que entregar.

Balanças desonestas e pesos falsos equiparam-se nos nossos dias, por exemplo, às denúncias eventuais que ouvimos em que frangos são vendidos com parte de água congelada, injetada dentro deles. Estão vendendo água como sendo carne, dando uma medida que não é correta. Se você atua na área da saúde, sabe da prática de laboratórios oferecerem medicamentos ou materiais, focando mais no próprio lucro do que no bem-estar do paciente. Já ouvi falar de próteses que são colocadas em pessoas que não precisavam de tal prótese, porém é a maneira de o profissional da saúde tirar vantagem e ganhar desonestamente em cima daqueles que o consultam, confiantes de que estão nas mãos de um profissional genuinamente preocupado com o bem-estar do povo. Infelizmente, são inúmeros os casos em que a vantagem profissional se sobrepõe à vantagem do paciente.

O profeta também vai falar sobre o governo daquela época: "Com as mãos prontas para fazer o mal, **o governante exige presentes, o juiz aceita suborno, os poderosos impõem o que querem; todos tramam em conjunto**" (7:3). O quadro de corrupção daquela sociedade era semelhante ao da nossa, hoje em dia. No Brasil, juízes e governantes estão unidos ganhando dinheiro a qualquer custo, vendendo negócios a preços que permitem que suas contas, aqui ou no exterior, sejam engordadas, quando quem está pagando efetivamente somos nós. Numa repartição pública, os empregados, chamados de servidores, criam dificuldades, para vender facilidades e assim tirarem vantagens indevidas. E Miqueias não para por aí. Veja o versículo seguinte: "O melhor deles é como espinheiro, e o mais correto é pior que uma cerca de espinhos. Chegou o dia anunciado pelas suas sentinelas, o dia do castigo de Deus" (7:4). Por que os que têm a capacidade de compor músicas, não compõem algo assim? Por que só cantamos que chegou o dia da vitória? A letra aqui é bem diferente: chegou o dia do castigo! Você pode entrar nesse jogo de querer, desonestamente, ganhar mais do que deve; de oprimir os outros; de exigir um presente por fora para um trabalho que já lhe cabe fazer; de trapacear na vida profissional. Saiba, no entanto, que isto não era, e ainda não é, compatível com a mensagem de Deus. Como está dizendo o profeta, os males e os pecados que cometemos não serão respondidos ao povo, mas a Deus. É ao Senhor que prestaremos contas.

Além desses pecados, que eram típicos daquela sociedade, eles tinham uma atitude claramente negativa com respeito às Escrituras, à palavra de Deus, ou à pregação que viria do Senhor. Havia por parte deles uma tentativa de silenciar a obra de Deus. Veja o que é dito neste versículo: "**Não preguem, dizem os seus profetas**. Não preguem acerca dessas coisas; a desgraça não nos alcançará" (2:6). Os seus mestres, profetas e sacerdotes queriam calar os profetas. Eles não estavam dispostos a ouvir falar de um Deus que julga e disciplina. Mais adiante, Miqueias ainda diz: "**Se um mentiroso e enganador vier e disser**: 'Eu pregarei para vocês fartura de vinho e de bebida fermentada', **ele será o profeta deste povo!**" (2:11). Perceba que naquele tempo já existiam os ouvidos seletivos, que definem o que querem ouvir da parte de Deus, e a teologia da prosperidade. O povo não queria ouvir sobre a insatisfação de Deus com suas vidas e sua falta de integridade. Eles queriam um profeta que lhes dissesse: "Vocês terão fartura! Terão vinho! Terão saúde!". Não é difícil entender o porquê, na realidade das igrejas brasileiras onde se prega prosperidade, de os templos estarem cheios. É, justamente, porque lá se prega o que o povo quer ouvir: apenas coisas boas e palavras de estímulo para levantar o ânimo.

Miqueias, porém, adverte: "Assim diz o Senhor aos **profetas que fazem o meu povo desviar-se**; quando lhes dão o que mastigar, proclamam paz, mas proclamam guerra santa contra quem não lhes enche a boca: 'Por tudo isso **a noite virá sobre vocês**, noite sem visões; haverá trevas, sem adivinhações. O sol se porá para os profetas, e **o dia se escurecerá para eles**'" (3:5-6). Os profetas, naqueles dias, já estavam fazendo o povo se desviar quando falavam apenas coisas boas para mantê-los entretidos, animados e contentes. De mesma forma, nos dias de hoje, ninguém quer ouvir um economista de banco dizer que a crise no Brasil tende a piorar. O que as pessoas querem é ouvir palavras boas e agradáveis, dizendo que tudo dará certo. Se cada um tem o seu pão, o seu futebol, o seu entretenimento, então tudo está bem.

CONSEQUÊNCIAS NATURAIS

Além dos pecados que aquelas pessoas acumulavam, e de tudo que estava intimamente relacionado a eles, elas também tinham uma atitude pronta de restrição à palavra de Deus que acarretaria consequências naturais. Em outras palavras, existem consequências do pecado que acontecem naturalmente, sem precisar da ação de Deus ou do diabo. Quando você não quer ouvir o que Deus tem a falar, mas apenas o que lhe agrada, você mesmo se destrói. Observe o que o profeta diz: "**Não confiem** nos vizinhos; nem acreditem nos amigos. Até com aquela que o abraça tenha cada um cuidado com o que diz" (7:5). Se a nossa sociedade continuar seguindo neste rumo, que não tem certo ou errado, que acredita que mentir faz parte do jogo, ou que preserva a bandidagem, ela chegará à condição descrita nesse versículo: ninguém confiará em ninguém, sequer no vizinho, amigo ou cônjuge. E o profeta continua: "Pois o filho despreza o pai, a filha se **rebela** contra a mãe, a nora, contra a sogra; os inimigos do homem são os seus próprios familiares" (7:6). Se nós nos tornamos um povo que não ouve o que Deus fala, e não segue Seus princípios e valores, viramos uma nação caótica que não tem motivos para confiar em mais ninguém.

JUÍZOS DE DEUS

Não é só a natureza do pecado que traz sua destruição, mas também a ação de Deus que disciplina e castiga Seu povo quando este não anda de certa maneira. Voltemos ao capítulo primeiro: "Vejam! O Senhor já **está saindo** da sua habitação; ele **desce e pisa** os lugares altos da terra" (1:3). Uma vez que aquele povo queria rejeitar a mensagem do Senhor e levar a vida como bem entendia, Deus estava pronto para tomar as medidas cabíveis. Por isso Ele diz: "Os que vivem em Marote **se contorcem de dor** aguardando alívio, porque a **desgraça veio da parte do Senhor** até às portas de Jerusalém" (1:12). Deus estava anunciando com clareza, sem deixar nenhuma dúvida, que o juízo e a desgraça de Deus estavam próximos. Mais à frente é dito: "**Portanto**, assim diz o Senhor: **Estou planejando** contra essa gente uma **desgraça**, da qual vocês **não poderão salvar-se**" (2:3). Enquanto o povo estava em suas casas, planejando o mal, Deus estava planejando o juízo e a disciplina. Não se esqueça de que Deus está envolvido diariamente em reagir à ação do Seu povo. O que você faz não passa despercebido. Você pode executar o mal, achando que nada acontecerá, porém o Senhor está sempre planejando e, se necessário, a desgraça chegará na sua vida.

É DE DAR DÓ

Muito da desgraça que chega à vida de alguém que escolhe desobedecer às orientações de Deus, será colhida naturalmente. Veja aqui o que o profeta diz: "Naquele dia vocês serão ridicularizados; zombarão de vocês com esta triste canção: Estamos totalmente arruinados; dividida foi a propriedade do meu povo. Ele tirou-a de mim! Entregou a invasores as nossas terras" (2:4). Qual foi o resultado da postura de rebeldia, da desobediência e da teimosia? Eles foram alvo de zombaria! Eu já sou pastor há 40 anos e posso dizer que os muitos anos do ministério já me trouxeram uma série de privilégios e alegrias, mas também de tristezas e dores. A tristeza mais forte que eu tenho no ministério pastoral é verificar, em algumas histórias, as escolhas que as pessoas fizeram e como suas vidas viraram um caos, uma tragédia. Como é triste ver pessoas que poderiam estar desfrutando da bondade, da provisão e do cuidado de Deus e que, no entanto, como resultado das escolhas de viverem fora da vontade divina, passaram a ter vidas ridículas, medíocres e pífias. O pecado não nos leva para onde nós imaginamos. Antes, ele nos leva para longe de Deus e, assim, não há satisfação.

Miqueias continua: "um dia clamarão ao SENHOR, mas ele não lhes responderá. **Naquele tempo ele esconderá deles o rosto por causa do mal que eles têm feito**" (3:4). E ainda: "Vocês comerão, **mas não** ficarão satisfeitos; continuarão de estômago vazio. Vocês ajuntarão, mas **nada preservarão**, porquanto o que guardarem, à espada entregarei. Vocês plantarão, **mas não** colherão; espremerão azeitonas, **mas não** se ungirão com o azeite; espremerão uvas, **mas não** beberão o vinho" (6:14-15). Deus diz que se esconderia daqueles homens, isto é, cortaria o relacionamento com eles, a ponto de fazê-los chorar. Ele também diz que eles perderiam a bênção de Deus e, veja bem o que aconteceria com a vida deles: plantariam, mas não colheriam; espremeriam as azeitonas, mas não haveria azeite; espremeriam as uvas, mas não teriam o vinho. O texto descreve um cenário de profunda insatisfação e frustração, pois, quando o Senhor não está presente, não há nada que possa nos satisfazer.

A vida longe do caminho de Deus, por mais que se acumulem coisas, não satisfaz a ninguém. Quanto mais você ajuntar, mais perderá e, naturalmente, chegará à mesma conclusão que aparece no início do capítulo 7: "**Que desgraça a minha!** Sou como quem colhe frutos de verão na respiga da vinha; **não há nenhum** cacho de uvas para provar, **nenhum** figo novo que eu tanto desejo" (v.1). Que desgraça! Será que você, ao atentar para essas palavras, pode identificar uma área da sua vida e dizer o mesmo? É importante ressaltar que eu não estou falando de desgraças naturais, como ter uma enfermidade ou receber um diagnóstico de saúde ruim e considerar que é consequência de algo de errado que você fez. Não é sobre isso que Deus trata aqui. O que eu estou perguntando é se você reconhece alguma situação real na sua vida onde, pela orientação de Deus, você consegue olhar para trás e, facilmente, dizer: "Foi isso que eu plantei; foi isso que eu cultivei; por isso a desgraça está aqui, à minha porta".

Não se engane: o pecado é um erro de alvo. Por trás de todo pecado, ou desejo pecaminoso, existe uma busca não pelo mal, mas pelo que é bom. No entanto, essa busca é feita pelos meios errados, o que acaba levando ao desvio do alvo, à insatisfação, à culpa e à tragédia. Quando, na nossa vida, optamos por ceder à pressão de sociedade para abandonar os princípios de Deus e andarmos do jeito que queremos, nós estamos semeando para chegar à tragédia. O profeta Miqueias não deixa dúvidas sobre isso ao longo de todo o livro. O pecado que você colhe hoje, será comido amanhã. Ele levará à frustração, ao fracasso, à tristeza, à culpa, à insatisfação e à desgraça.

SEGUNDA CERTEZA: APESAR DOS PESARES, VOCÊ AINDA PODE DESFRUTAR DA BONDADE DO SENHOR

REINO MESSIÂNICO

Ainda que essa tônica de incerteza e insegurança esteja por todo o livro, Miquéias traz uma segunda certeza, que podemos ter. Apesar de nossos pecados e do juízo que Deus promete, podemos desfrutar de toda a bondade do Senhor. O nosso pecado nunca é o ponto final no projeto do Senhor, se nós quisermos que seja diferente — porque Deus também quer. Sua vida pode chegar a uma situação de tragédia, como a daquele povo chegou, porém isso não significa que é o fim. As oportunidades que Deus oferecia para aquele povo, também são oferecidas para nós. Veja que, no meio de um livro com tanto juízo, acusação e condenação, o profeta diz: "Mas tu, Belém-Efrata, embora sejas pequena entre os clãs de Judá, **de ti virá para mim aquele que será o governante sobre Israel**" (5:2). Miquéias lança aqui a profecia da vinda de Jesus. Ele estava dizendo objetivamente que o Salvador, Aquele que haveria de reinar, nasceria em Belém. Em meio a toda aquela culpa, tragédia e desgraça, Deus promete a chegada do Salvador que resgataria o Seu povo e que seria, da perspectiva de Seu tempo, em ocasião oportuna e futura, o governante de Israel.

GRAÇA À DISPOSIÇÃO

Miqueias sabia que, apesar da triste realidade que estavam vivendo, as coisas poderiam ser diferentes, assim como hoje podem ser diferentes em nossa vida. Ele diz: "Mas, quanto a mim, **graças ao poder do Espírito do Senhor, estou cheio de força e de justiça**, para declarar a Jacó a sua transgressão, e a Israel o seu pecado" (3:8). Esse profeta, que tinha a tarefa de viver de uma maneira distinta da cultura reinante e de anunciar uma mensagem que aquele povo não queria ouvir, reconhece que só tem condições de andar dentro dos princípios de Deus por causa do poder do Espírito do Senhor. Assim acontece, da mesma forma, para mim e para você. É Deus quem nos dá força, ou seja, condições de viver dentro dos Seus princípios. E é por causa do Espírito do Senhor que conseguimos andar cheios de justiça, isto é, andar dentro dos padrões de Deus.

Nós não podemos dizer que vivemos de certa maneira pecaminosa porque somos vítimas da sociedade e, afinal, todo mundo faz o mesmo. Talvez você pense algo como: "Se eu for andar no padrão que a Bíblia determina, meu negócio não tem chances de sobreviver". Entenda que, se você está num negócio onde, para sobreviver, é necessário descumprir as Escrituras, é melhor que ele não sobreviva. É melhor você morrer em integridade e ter a aprovação do seu Deus, do que levar uma vida na qual você não leva Deus a sério e ser reprovado por Ele. Como podemos, numa sociedade tão corrupta quanto a brasileira, viver honestamente? Graças ao poder do Espírito Santo! Como podemos ver nosso trabalho e negócios darem certo, em meio a uma sociedade que é tão corrompida? Graças ao poder do Espírito Santo! Deus tem plenas condições de cumprir o que Ele quer na vida do Seu povo.

VOCÊ TEM PLENAS CONDIÇÕES DE CUMPRIR O QUE DEUS QUER?

Miqueias sabe, com clareza, que ninguém pode chegar até Deus com ofertas, na tentativa de comprar o Seu favor. Por isso ele diz "**Com o que eu poderia comparecer diante do Senhor e curvar-me perante o Deus exaltado?** Deveria oferecer **holocaustos** de bezerros de um ano? Ficaria o Senhor satisfeito com milhares de **carneiros**, com dez mil ribeiros de azeite? Devo oferecer o meu **filho** mais velho por causa da minha transgressão, o fruto do meu corpo por causa do meu próprio pecado? Ele **mostrou** a você, ó homem, o que é bom e o que o Senhor exige: **Pratique a justiça, ame a fidelidade e ande humildemente com o seu Deus**" (6:6-8). Deus não quer nossas ofertas. Na verdade, não há nada que nós possamos fazer que compre a aprovação do Senhor. Ele quer nós pratiquemos a justiça que, como já mencionamos, significa andar de acordo com os padrões e ética de nosso Deus; que nós amemos a fidelidade, uma vez que Ele é fiel e nos ama; e que andemos humildemente, subordinados e dependentes dele.

O profeta fala ainda sobre como devemos tratar nosso Deus: "A voz do Senhor está clamando à cidade; **é sensato temer o teu nome!**" (6:9). Nós precisamos temer o Senhor. A melhor definição de temor que eu já encontrei, até hoje, foi escrita por Stuart Briscow: levar Deus a sério! É levar a sério tanto o nome de Deus, quanto tudo aquilo que Ele fala. Miqueias não somente diz que é sensato temermos ao Senhor, mas também que essa reverência deve redundar em prática. Observe: "**Não há, na casa do ímpio**, o tesouro da impiedade, e a medida falsificada, que é maldita? **Poderia alguém ser puro com balanças desonestas e pesos falsos?**" (6:10-11). Uma vida marcada por impiedade é característica do ímpio e não de alguém que teme ao Senhor. Não existe a possibilidade de alguém viver algum tipo de pureza e santidade quando em sua vida profissional, por exemplo, há desonestidade. Você conhece o provérbio "amigos, amigos; negócios à parte"? Por vezes, eu acho que temos uma versão cristã desse provérbio: "fé é fé; negócios à parte". O que a Bíblia nos ensina, muitas vezes parece ser bom apenas para o domingo, ou para dentro da igreja, quando estamos louvando com os irmãos. Todavia, a Palavra de Deus vale para todos os dias da semana, no ambiente de trabalho e em meio a toda a impiedade típica do ímpio.

Nós não podemos deixar Deus de lado e levar uma vida conforme os padrões da nossa sociedade ímpia e perversa. É normal, na vida do ímpio, existirem coisas ímpias. Porém, na vida de alguém a quem Deus está chamando para a pureza e santidade, a honestidade em todas as áreas da vida é fundamental. Nas situações em que tudo nos leva a viver de acordo com a impiedade da sociedade, Deus pode nos capacitar a viver de acordo com os padrões dele, para sermos aprovados por Ele. Todo mundo pode trapacear o próximo, mas você, povo de Deus, não pode. Todo mundo tem padrões de amor e sexualidade que são aceitáveis na sociedade, mas você, povo de Deus, não pode ter. Todo mundo pode enganar e passar a perna nos outros, mas você, povo de Deus, não pode fazer isso.

DEUS RESTAURA

Sendo assim, como sobreviveremos num mundo em que essas são as regras? Com a força do Espírito de Deus e a graça que o Senhor nos dá. Por isso Miqueias diz: "Mas, quanto a mim, **ficarei atento ao Senhor, esperando** em Deus, o meu Salvador, pois **o meu Deus me ouvirá**" (7:7). Temos que despertar em nós mesmos essa postura de esperança e expectativa no que Deus fará. Ele pode nos ouvir e mudar a história de cada um. Observe o versículo seguinte: "Não se alegre a minha inimiga com a minha desgraça. Embora eu tenha caído, eu me levantarei. **Embora eu esteja morando nas trevas, o Senhor será a minha luz**" (v.8). Você pode olhar para a sua vida e enxergar esse túnel escuro, o mesmo que Miqueias enxergava junto com seu povo. Entretanto, ele esperava pela luz do Senhor, pois sabia que ela poderia iluminá-lo.

Apesar de toda acusação e juízo que estavam acontecendo, o profeta conhecia a bondade do seu Deus: "Por eu ter pecado contra o Senhor, suportarei a sua ira, até que **ele apresente a minha defesa e estabeleça o meu direito. Ele me fará sair para a luz; contemplarei a sua justiça**" (7:9). A esperança desse homem era que Deus trouxesse luz e agisse com misericórdia e compaixão. Ele sabia que no coração do nosso Senhor sempre há um viés para o amor, a compaixão e a misericórdia. Além disso, apesar de toda a tragédia que Miqueias estava vivendo, ele também via o Senhor como o seu defensor que, no tempo certo, se manifestaria. Veja o que é dito em 7:15: "Como nos dias em que você saiu do Egito, **ali mostrarei as minhas maravilhas**". Deus renova a Sua bondade e poder, assim como o fez no passado. Portanto, e mais uma vez eu digo, se você se voltar para Deus, Ele agirá em sua vida, mudará o seu rumo e lhe dará condições de ser íntegro e andar em comunhão com Ele. O Senhor o sustentará, suportará, alegrará, fará maravilhas e, se preciso for, fará milagres.

A tragédia que você criou não precisa ser um ponto final. Deus está pronto para mudar a sua história. Observe o texto: "Quem é comparável a ti, ó Deus, que **perdoas o pecado e esqueces a transgressão** do remanescente da sua herança? Tu que não permaneces irado para sempre, **mas tens prazer em mostrar amor. De novo terás compaixão** de nós; pisarás as nossas maldades e atirarás todos os nossos pecados nas profundezas do mar. **Mostrarás fidelidade** a Jacó, e **bondade** a Abraão, conforme prometeste sob juramento aos nossos antepassados, na antiguidade" (7:18-20). Deus tem prazer em mostrar amor. Ele teve o cuidado de, por meio de Miqueias, comunicar a vinda do Senhor Jesus Cristo, que viria até nós e morreria naquela cruz para pagar os nossos pecados, nos resgatar e nos trazer de volta para Deus. Ele é compassivo, fiel e bondoso, e nisso repousa nossa esperança.

Há duas verdades sobre as quais você precisa ter certeza. A primeira é que a vida longe de Deus nunca o levará para onde você imagina, ou nunca o satisfará. Muito pelo contrário, ela o levará à tragédia e à desgraça. No entanto, e esta é a segunda verdade: o pecado não precisa ser o ponto final da sua história. Deus está pronto a fazer mudanças e intervenções para que sua vida seja como Ele quer, e é isso que Miquéias mostra no seu livro. O profeta apresenta o viés do coração de um Deus que está pronto a ter compaixão, ter misericórdia, nos amar, nos resgatar, nos perdoar, nos conduzir e ser a luz nesse mundo sem esperança. Se você chegou à conclusão de que sua vida virou desgraça e tragédia, saiba que isso não é o fim. Pode, na verdade, ser a oportunidade de você ver Deus atuando na sua vida; basta buscá-lo. Se você tem se deixado seduzir pelo pecado, pela desobediência e por andar longe da vontade de Deus, não se iluda. Esse não é o caminho. O tempo colhe os resultados, por isso, volte-se ao bondoso Senhor.

PROFETAS MENORES

נחום

NAUM
O PROFETA E A JUSTIÇA DE DEUS

QUAL A MENSAGEM DO LIVRO?
O conhecimento de um determinado livro das Escrituras possibilita que se use dos seus ensinos, narrativas e princípios na vida prática. Certa vez, ouvi a história de um rapaz que, tendo seu tempo de devoção pessoal lendo o livro de Números, enviou a seguinte mensagem para uma moça: "Olha, eu estou fazendo minha leitura bíblica em meu devocional no livro de Números e acabei de constatar que eu não tenho seu número telefônico". Ela, com a mesma "biblicidade", respondeu: "Desculpe, mas eu Naum vou te dar". Esta foi uma aplicação de Naum, mas há muito mais a se aprender com este profeta. Na verdade, ele é um dos profetas mais destacáveis de toda a Bíblia, apesar de pouco conhecido pelo povo de Deus.

Com uma simples leitura do livro de Naum pode-se estranhar o seu conteúdo e, inclusive, se perguntar se ele tem valor. Na primeira leitura que fiz desse livro, antes de estudá-lo, eu tive a mesma impressão. Ele já começa com uma abordagem que levanta dúvidas e questionamentos. Observe o primeiro versículo: "**Advertência contra Nínive**. Livro da visão de **Naum**, de Elcós" (1:1). Alguns capítulos atrás estudamos o livro do profeta Jonas, que foi até Nínive para pregar uma mensagem, levando aquelas pessoas ao arrependimento. Por que, então, encontramos agora na mensagem de outro profeta uma advertência aos ninivitas, povo que já se arrependera?

Outra característica que causa estranhamento é que o nome Naum significa consolo ou consolado. Entretanto, a leitura da mensagem do livro não parece nada consoladora: "O Senhor é Deus zeloso e **vingador**! O Senhor é **vingador**! Seu furor é **terrível**! O Senhor **executa vingança** contra os seus adversários e manifesta o seu **furor** contra os seus inimigos" (1:2). Normalmente, conceitos como advertência contra vingador, terrível e furioso, não aparecem em uma mensagem de consolo. Para alguém que se apresenta como consolador, a linguagem de Naum parece caminhar noutra direção e, ao longo do livro, certas descrições acerca de Deus não inspiram a ideia de consolação. Pelo contrário, soam como se Deus fosse alguém extremamente irado, de pavio curto e pronto a explodir.

O CONTEXTO HISTÓRICO

Dentre os Profetas Menores, Naum é aquele no qual mais se faz necessário um conhecimento histórico do livro. Vamos, portanto, analisar o seu contexto e relacioná-lo a fatos, lugares e outros profetas. A Assíria, com sua capital Nínive, participou da história de Israel e Judá de forma muito presente nos séculos 9 a.C. e 8 a.C. Ao longo do tempo, a expansão do Império Assírio chegou até Israel e Judá e estes, por sua vez, sofreram em sua mão. Uma das primeiras coisas que eu escolho fazer quando viajo é visitar museus. Se isso também faz parte dos seus planos, quando for a Londres não deixe de contemplar o Obelisco Negro, no *British Museum*. O Obelisco Negro é uma obra que foi publicada na Assíria, em que cada lado conta algum aspecto da história, e cada quadrinho é uma parte da história deles. Em uma das faces do Obelisco Negro há um quadrinho que retrata o rei Jeú pagando tributo a Salmanezer III. A relação que existia entre Israel, e também Judá, está, de alguma maneira, relacionada constantemente. Quando Jonas profetizou a libertação de Israel do poder da Assíria, ele o fez em 760 a.C. Foi ele também que teve que ir a Nínive pregar contra aquela cidade e levar aquelas pessoas ao arrependimento. No entanto, o povo de Israel não fez por merecer a bênção de Deus, e sim a Sua disciplina. Por isso, no ano 722 a.C., o rei da Assíria conquistou o Reino do Norte, Israel, cuja capital era Samaria, e promoveu assentamentos do povo de Israel em outras regiões. Além disso, outros povos, de outras regiões, foram trazidos e assentados na terra de Israel.

Em 729 a.C., a nação do Sul, Judá, teve um rei chamado Ezequias que estava promovendo um avivamento espiritual na nação. Nesta ocasião, o rei da Assíria, Senaqueribe, surgiu como uma ameaça para Judá e, em 701 a.C. acabou por invadi-la, e ocupar 46 cidades. Há um relato muito interessante nas Escrituras acerca de Rabsaqué, um enviado da parte do rei Senaqueribe para convencer o rei de Judá a se entregar. Rabsaqué para do lado de fora do muro de Jerusalém, que é até onde ele podia chegar, visto que a cidade de Jerusalém não fora conquistada, e se dirige ao povo que estava em cima no muro falando em hebraico. A liderança judaica pede que ele fale em aramaico, porém, ele se nega dizendo que em hebraico todos poderiam entender o que estava acontecendo. Ele pretendia humilhar aquele povo e desprezar o Deus de Israel.

Há também um relato assírio do que aconteceu na relação da Assíria com Judá. Observe: "Quanto a **Ezequias, o judaico, ele não se submeteu a meu jugo**. Eu montei **cerco em 46 de suas cidades fortificadas** e em incontáveis pequenas aldeias; a tudo conquistei usando rampas de acesso que colocaram perto das muralhas [...]. Eu **expulsei 200.150 pessoas**, jovens e velhos, homens e mulheres, cavalos, mulas, jumentos, camelos, gado grande e do pequeno, além da conta, e a tudo considerei como pilhagem de guerra. Ele mesmo **eu o fiz prisioneiro em Jerusalém**, na sua residência real, como um pássaro numa gaiola [...] Suas cidades que eu saqueei, eu as tomei de seu país e as dei todas a Motinti, rei de Asdode, a Padi, rei de Eglon, e a Sillibel, rei de Gaza. Dessa maneira, eu reduzi seu país, mas ainda aumentei meu tributo."

A ação da Assíria, expandindo suas fronteiras, chegou a Judá e cidades caíram, mas Jerusalém permaneceu em pé. Naturalmente, o rei Ezequias estava assustado e, como um homem temente a Deus que era, consultou o Senhor por intermédio do profeta Isaías. No livro de Reis, encontramos a palavra de Isaías para o rei Ezequias: "Isaías lhes disse: Dizei isto a vosso senhor: Assim diz o SENHOR: Não temas por causa das palavras que ouviste, com as quais os servos do rei da Assíria blasfemaram de mim. Eis que meterei nele um espírito, e ele, ao ouvir certo rumor, **voltará para a sua terra; e nela eu o farei cair morto à espada**" (2Re 19:6-7 ARA). O profeta Isaías estava dizendo que ele não deveria se impressionar com as ameaças e declarações de Rabsaqué, sobre quão fácil seria entrar em Jerusalém. Ele podia ser um representante da Assíria, porém Deus estava contra ele e o faria "cair morto à espada". Em 701 a.C., então, praticamente por um milagre de Deus, 185 mil soldados de Senaqueribe caíram mortos, e ele resolveu voltar para sua terra. Em 681 a.C, dois de seus filhos o mataram, cumprindo-se a profecia. É em 660 a.C., quando Jerusalém ainda não havia sido conquistada, que Naum entrega sua mensagem. Mensagem esta que, por um lado, é favorável a Judá e, por outro, desfavorável à Assíria.

PRIMEIRA MENSAGEM: QUEM É ESSE DEUS?

ZELOSO

Apesar do estranhamento à primeira vista, a mensagem de Naum se aplicava a todos de seu tempo, assim como se aplica a todos hoje. Sendo assim, vejamos agora que mensagens desse livro podemos tirar para nossa vida. A primeira delas diz respeito a quem é esse Deus. Como já mencionado anteriormente, algumas colocações do profeta sobre Deus podem causar confusão, levando, inclusive, à dúvida se o que está sendo dito é algo razoável. A primeira declaração sobre Deus é que Ele é um Deus zeloso: "**O Senhor é Deus zeloso** e vingador! O Senhor é vingador! Seu furor é terrível! O Senhor executa vingança contra os seus adversários e manifesta o seu furor contra os seus inimigos" (1:2). Dependendo da tradução que você usa, e principalmente algumas versões em inglês, isso pode estar traduzido como "Deus é ciumento", daí surgir a pergunta: o que significa Deus ser ciumento? Seria Deus passional, egoísta e inseguro, a ponto de sentir ciúmes daqueles que são Seus? De forma alguma! Não pense em Deus como um Deus ciumento crônico, com ciúme patológico. A ideia do termo aqui empregado é que, por Deus ser fiel, quando Ele estabelece um relacionamento, pacto ou aliança com alguém, Ele também espera fidelidade em retorno. De certa maneira, podemos fazer um paralelo com o exemplo de um casal. Quando um homem e uma mulher se casam, há a expectativa de fidelidade de ambos, e não apenas parcial. Se um deles, ao chegar em sua casa, encontrar o seu cônjuge com outro homem ou mulher, ainda que seja simplesmente de mãos dadas, isso desperta ciúmes. Não um ciúme patológico, mas consistente com a fidelidade esperada de duas pessoas em um casamento.

Então, quando as Escrituras nos dizem que Deus é zeloso, isso significa que Ele, efetivamente, cuida dessa relação estabelecida com o Seu povo. As alianças estabelecidas por Deus envolvem a fidelidade dos homens a Ele, da mesma maneira como Ele é fiel a Seu povo. Quando somos infiéis ao Senhor, provaremos do que pode ser traduzido como o Seu zelo ou ciúme, e isso aparece também no Novo Testamento, em outras declarações similares. Deus não é um deus que tem a mentalidade aberta de que fidelidade não é tão importante. Pelo contrário, a fidelidade é fundamental para Ele. Quando a conduta de Seu povo é infiel, Deus se sensibiliza com isso, pois isso é proporcional ao Seu amor por nós. Ele não é indiferente, mas dá valor e tem cuidado conosco.

FURIOSO E PACIENTE

Há outro aspecto do caráter de Deus descrito por Naum com generosidade de palavras, que talvez não seja percebido por muitos como uma qualidade positiva. O profeta diz: "Quem pode resistir à sua **indignação**? Quem pode suportar o despertar de sua **ira**? O seu **furor** se derrama como fogo, e as rochas se despedaçam diante dele" (1:6). Deus é aqui descrito com três palavras diferentes, tanto no português como em hebraico, para mostrar que Ele se indigna, se ira e se enfurece. Talvez, ao ler este versículo, você tenha montado na sua cabeça um quadro com Deus vermelho de raiva, perdendo o controle e explodindo em ira. Primeiramente, devemos reconhecer que a ira é uma característica de nosso Deus. Não somente o profeta declara isso aqui, como várias vezes nas Escrituras encontramos a declaração de que Deus se irou. O Senhor Jesus Cristo também manifestou ira, certa vez quando foi ao Templo. E a Palavra de Deus nos diz, inclusive, que nós devemos nos irar. O fato é que Deus se ira, independentemente do que você entenda por ira.

Uma definição comum da ira é "indignação destrutiva", no entanto, a definição que vejo nas Escrituras é uma "indignação contra o pecado, o mal e o erro que ameaça". Deus tem padrões éticos que o fazem aprovar e reprovar; agradar-se e repudiar. Ele não é amoral, ou indiferente a se praticar injustiça ou socorro ao necessitado. Pelo contrário, para Deus existe o certo e o errado e, uma vez que Ele faz essa distinção, Ele sabe também que o erro, a corrupção e a injustiça comprometem a saúde, seja da sociedade ou da vida pessoal. Assim como quando o corpo contrai um vírus ou uma bactéria, e o organismo se prepara e ataca o que é uma ameaça, a ira como indignação contra o erro deve se dirigir para atacar o que é ameaçador. Tendo a visão da ira como um paralelo da ação do sistema imunológico para preservar a saúde do corpo, pode-se entender a fartura de declarações de que Deus se indigna, se ira e se enfurece. O Senhor não aceita qualquer coisa, pois Ele sabe que o pecado, a iniquidade e a injustiça atingem o coração e acabam destruindo tanto a pessoa quanto os seus relacionamentos.

Embora o Senhor manifeste ira e indignação, elas não são fruto de uma falta de controle que o leva a perder as estribeiras. Observe o seguinte versículo: "O Senhor é **muito paciente**, mas o seu poder é imenso; o Senhor não deixará impune o culpado" (1:3). A ira e a indignação do Senhor são manifestas diante do erro e do pecado, seja de uma pessoa ou de uma nação, como é o caso aqui. Todavia, além de se irar, nosso Deus também tem paciência. Lembre-se de que Naum entregou sua mensagem em 660 a.C., sendo que Jonas já havia falado com eles em 760 a.C. Deus não é alguém de pavio curto, que perde o controle de si próprio. Ele é extremamente paciente. Na verdade, se nós, pecadores, ainda estamos vivos, é por causa da enorme paciência de Deus.

VINGADOR

O profeta também caracteriza o Senhor como vingativo: "O Senhor é Deus zeloso e **vingador**! O Senhor é **vingador**! Seu furor é terrível! O Senhor executa **vingança** contra os seus adversários e manifesta o seu furor contra os seus inimigos" (1:2). Mais uma vez, por causa da repetição dos termos vingança e vingador, pode-se pensar que o Deus da Bíblia tem um espírito ressentido, ou guarda amargura. Deus é, de fato, vingativo, porém, Ele não é amargurado. E, para compreendermos isso, precisamos primeiramente definir o que é vingança. Vingança é a retribuição, ou a pena por um mal cometido. Assim, uma vez que existe uma sentença, ela é boa para parar e punir o culpado e conter a injustiça. Há algum tempo, por exemplo, espalhou-se a história de um oficial da reserva que tinha como hábito a prática de abusar de bebês e crianças pequenas. Alguém assim precisa ser parado e punido pelo que tem feito, e a sociedade precisa ser protegida dele.

No entanto, apesar de a vingança ser boa em si, por ser uma retribuição à injustiça e ao mal cometido, é Deus quem a executa. As Escrituras nos dizem que a responsabilidade de se vingar é uma prerrogativa divina. Quando nós queremos aplicar a retribuição por alguma ofensa que alguém cometeu contra nós, estamos nos desviando do projeto de Deus e assumindo uma prerrogativa que é somente dele. Assim, quando nos vingamos, cedendo ao desejo humano por vingança, ela se torna pecaminosa. Somente Deus tem a competência, a responsabilidade e a qualidade necessária para ser o juiz que avalia, julga, sentencia e entrega a vingança. Então, Deus é um Deus que se vinga? Sim! Porém, não no sentido de que Ele está ferido, ofendido e magoado. Ele é o vingador como aquele que opera a justiça, ou seja, Ele é o grande juiz. Por isso é que Naum acrescenta, logo em seguida: "...o Senhor não **deixará impune o culpado**..." (1:3). Pode ser que a vingança não aconteça tão cedo quanto você gostaria, ou que talvez você nem veja o resultado final. Todavia, Deus afirma que os males praticados receberão a sua devida punição e que os culpados não passarão livres.

BOM

Observe o seguinte versículo: "O Senhor é **bom**, um **refúgio** em tempos de angústia. Ele protege os que nele confiam" (1:7). Naum apresenta aqui um aspecto divino que é bem mais fácil de digerir: Deus é bom. Em minha experiência pessoal, a principal qualidade de Deus que eu percebo na minha vida é a Sua bondade. Eu sei de onde vim, e sei que é Ele que me sustenta. Sei também que, se não fosse por Sua bondade e misericórdia, Deus já teria acabado com a minha vida. Toda a vez que olho para trás, eu vejo o quanto o Senhor é bom. Nós podemos nos aproximar de Deus e provar não apenas de Sua proteção, mas também do Seu cuidado e amor para conosco. Por causa da Sua bondade e graça, obtemos perdão e conseguimos ter uma conduta correta, o que nos qualifica para desfrutar algumas coisas que Deus quer que nós desfrutemos. Deus é muito bondoso e, apesar da Sua bondade ser desproporcional à nossa fidelidade, quando nos aproximamos dele, isso nos faz muito bem.

PODEROSO
Por fim, Naum descreve o Senhor como poderoso: "O Senhor é muito paciente, mas o seu **poder é imenso**; o Senhor não deixará impune o culpado. O **seu caminho está no vendaval e na tempestade**, e **as nuvens são a poeira** dos seus pés" (1:3). Ele também usa figuras de linguagem que descrevem a reação da natureza perante o poder de Deus: "Ele **repreende o mar e o faz secar, faz que todos os rios se sequem. Basã e o Carmelo se desvanecem** e **as flores do Líbano murcham**. Quando ele se aproxima, os **montes tremem** e as **colinas se derretem**. A **terra se agita** na sua presença, o mundo e todos os que nele vivem. **Quem pode resistir** à sua indignação? **Quem pode suportar** o despertar de sua ira? O seu furor se derrama como fogo, e as **rochas se despedaçam** diante dele" (1:4-6). Não existem limites para a ação de Deus. Não há nada que fuja à Sua força e poder, seja no mundo criado ou no desenrolar da história. Se Deus quer fazer algo, Ele o fará como e quando Ele quiser. Não é você que determinará o que Deus deve ou não fazer. Ele é poderoso e está sempre no controle.

SEGUNDA MENSAGEM: DEUS PUNE OS INJUSTOS

NÍNIVE
A segunda mensagem que eu quero ressaltar, a partir da experiência de Naum como profeta, é que Deus pune a injustiça. Vamos recordar alguns fatos relacionados a Nínive, a cidade com o povo injusto, a quem o profeta estava anunciando a punição divina pelo seu pecado. Nínive era uma grande cidade, com uma população calculada entre 100 a 150 mil habitantes. Ela era cercada por um muro de tijolos com 12 km de perímetro, largo o suficiente para que, em cima dele, passassem duas carroças lado a lado. Um historiador do século 1 antes de Cristo disse que a cidade tinha 1.500 torres de 60m de altura cada uma. Além disso, nela havia canais

que traziam água das montanhas e também inúmeras esculturas em baixo relevo espalhadas pela cidade. Hoje em dia, você encontra várias delas no *British Museum*, no *Louvre*, no *Museu de Hamburgo* e no *Metropolitan*, em Nova Iorque, que foram saqueadas do sítio onde era a cidade de Nínive.

No capítulo que dedicamos ao livro de Jonas, vimos que ele foi enviado àquela cidade em 760 a.C., para anunciar ao povo que eles eram passíveis de sofrer o juízo de Deus e serem eliminados. Agora, quando Naum profetiza, já se passaram cem anos desde que Jonas esteve em Nínive. Houve, inclusive, algumas outras ocorrências nesse meio tempo, como a já mencionada advertência de Rabsaqué, em nome de Senaqueribe, ao rei de Judá. O que, então, aconteceu com a cidade que havia se arrependido no tempo de Jonas? Ao que tudo indica, Nínive se arrependeu de se arrepender, e voltou a agir como antigamente. Observe: "Foi de você, ó Nínive, que saiu aquele que **trama perversidades**, que **planeja o mal contra o Senhor**" (1:11). Nesse versículo, Naum faz referência à liderança do rei da Assíria, que colocava em risco a nação de Judá. São vários os versículos que podemos ler no livro de Naum que nos fazem perceber o quanto Deus estava indignado com a culpa de Nínive: "Ai da cidade **sanguinária**, repleta de **fraudes** e cheia de **roubos**, sempre fazendo as suas **vítimas**!" (3:1). Essa era a realidade daquele Império sanguinário, que constantemente promovia fraudes, roubava e fazia vítimas.

JUÍZO

O pecado da cidade era evidente, e os povos sofriam com sua ação, por isso é que o Senhor decretou o seguinte: "O **Senhor decreta o seguinte a seu respeito, ó rei de Nínive: Você não terá descendentes** que perpetuem o seu nome. Destruirei as imagens esculpidas e os ídolos de metal do templo dos seus deuses. **Preparei o seu túmulo**, porque você é desprezível" (1:14). Nínive havia perdido a oportunidade de se redimir, e o comunicado agora é de que o Senhor estava contra eles e, como lemos, o rei não teria descendentes. Há uma frase que se repete ao longo do livro que diz: "**Estou contra você**, declara o Senhor dos Exércitos" (2:13; 3:5).

Naum, um profeta de dentro do povo de Judá, olhou para a situação internacional, isto é, para as ameaças constantes que vinham da Assíria, e proferiu a sentença, a vingança e a manifestação da ira de Deus contra aquele povo. Observe o que é dito no capítulo três: "Acaso és **melhor do que Tebas** (ele está falando para Nínive), situada junto ao Nilo, rodeada de águas? O rio era a sua defesa; as águas, o seu muro. A Etiópia e o Egito eram a sua força ilimitada; Fute e a Líbia estavam entre os seus aliados. Apesar disso, ela foi deportada, levada para o exílio. Em cada esquina as suas crianças foram massacradas. Tiraram sortes para decidir o destino dos seus nobres; todos os poderosos foram acorrentados" (3:8-10). Tebas era uma cidade que, apesar de toda a segurança que tinha, acabou por cair. De mesma forma, não haveria esperança para Nínive. Eles podiam estar confiantes de que sobreviveriam ao juízo de Deus, mas o Senhor afirma que eles não sobreviveriam.

No versículo 12 é dito: "Todas as suas fortalezas são como **figueiras carregadas de figos maduros**; basta sacudi-las, e os figos caem em bocas vorazes" (3:12). Eu já tive a oportunidade de ver algumas árvores de frutos, tais como a pitangueira, que quando estão carregadas, é só dar uma pequena balançada que muitos deles caem. Deus compara aquele povo, e a resistência que ele pode dar à decisão de Deus, a uma árvore cheia de frutos que não resistirá; assim que der uma balançada, cairá. No versículo seguinte lemos ainda: "Olhe bem para as suas **tropas: não passam de mulheres**! As suas portas estão escancaradas para os seus inimigos; o fogo devorou as suas trancas" (3:13). Entenda que isso aqui não é uma ofensa às mulheres. Entretanto, o fato é que as mulheres não haviam sido treinadas para compor um exército, e muito menos tinham qualquer experiência em guerras. Sendo assim, o que o profeta diz é que, por uma ação de Deus, aquelas tropas, supostamente bem treinadas e fortes, cairiam como os frutos de uma figueira, com uma só balançada, ou seriam como mulheres totalmente despreparadas para a guerra.

COMO SERIA O JUÍZO?

Voltemos mais uma vez à história, para entender como seria esse juízo. A mensagem de Naum foi profetizada por volta de 660 a.C., e sua profecia efetivamente aconteceu no ano 612 a.C., 48 anos depois. Observe o seguinte versículo: "Mas com uma **enchente devastadora** dará fim a Nínive; expulsará os seus inimigos para escuridão" (1:8). Naquela época, em 612 a.C., havia três exércitos, aliados entre si, cercando a cidade de

Nínive: os babilônios, os medos e os sussianos. Os sussianos eram os persas pré-islâmicos, que por sua vez, vieram a ser o que temos hoje como Irã. Apesar do cerco e da coalizão, esses três exércitos não conseguiam conquistar Nínive. Afinal, eram muralhas imensas, com mais de mil torres de 60m de altura.

Como, então, conseguiram conquistar a cidade? Através de uma enchente devastadora. Historiadores contam que, por causa de chuvas torrenciais, o rio Tigre subiu e atingiu tanto os muros da cidade, que eram feitos de tijolos, como também a sua fundação. Aquela muralha foi solapada e as águas dissolveram os tijolos. A água também atingiu os canais, que traziam água das montanhas, e o palácio, cuja fundação era de tijolo e pedra calcária: "**As comportas dos canais são abertas**, e o **palácio desaba**. [...] Nínive é como um açude antigo cujas **águas estão vazando**" (2:6,8). O que derrotou Nínive foi a chuva, ou melhor, quem a enviou. Foi praticamente o mesmo fator que levou à derrota de Napoleão na Batalha de Waterloo. Se os exércitos que Napoleão esperava pudessem chegar a tempo, ele realmente ganharia aquela batalha, por serem muito superiores. Todavia, por causa da chuva, parte deles não conseguiu chegar a tempo. Em ambos os casos, a chuva foi o fator decisivo.

Tão logo os muros de Nínive caíram, os homens dos exércitos inimigos invadiram a cidade. Porém, o exército assírio, que deveria defender a cidade, apareceu com sua tropa de elite tropeçando: "Convocam-se as suas tropas de elite, **mas elas vêm tropeçando**; correm para a muralha da cidade para formar a linha de proteção" (2:5). Os historiadores descrevem que, na ocasião da entrada dos babilônios na cidade, os assírios estavam em festa, com seu exército embriagado e, bêbados, nada podiam fazer, muito menos formar uma linha de proteção. Também no capítulo três lemos: "Ah, o estalo dos chicotes, o barulho das rodas, o galope dos cavalos e o sacudir dos carros de guerra!" (3:2). E no capítulo anterior: "Os escudos e os uniformes dos soldados inimigos são **vermelhos**" (2:3). Uma vez que os portões de Nínive foram abertos, os exércitos entraram correndo e dominaram os soldados embriagados. A referência aos soldados vermelhos, condizia com a descrição do exército babilônico, que costumava usar escudos de couro tingidos de vermelho. Alguns dizem que eles faziam isso, possivelmente, para ocultar o próprio sangue e não afetar a moral dos soldados. Lembre-se de que Naum estava profetizando essas palavras em 660 a.C., 48 anos antes de um exército, caracterizado por ter escudos vermelhos, realmente dominar o povo de Nínive.

Com a queda dos muros, os portões da cidade foram abertos e eles se tornaram completamente vulneráveis: "Os seus **carros de guerra** percorrem loucamente as ruas que se cruzam velozmente pelos quarteirões. Parecem tochas de fogo e arremessam-se como relâmpagos" (2:3-4). Foi uma invasão total, trazendo morte, desespero e fuga: "Ah! Devastação! Destruição! Desolação! Os corações se derretem, os joelhos vacilam, todos os corpos tremem e o rosto de todos empalidece" (2:10). Ainda no capítulo dois, o profeta pergunta: "**Onde está agora a toca dos leões?** Onde o lugar em que alimentavam seus filhotes, para onde iam o leão, a leoa e os leõezinhos, sem nada temer? **Onde está o leão** que caçava o bastante para os seus filhotes e estrangulava animais para as suas leoas, e que enchia as suas covas de presas e suas tocas de vítimas?" (2:11-12). O leão era o símbolo dos assírios, no entanto, a sua simbologia como um animal que expressava tanto o poder quanto a glória deste cruel Império, chegaria ao fim. Hoje, no sítio arqueológico de Nínive, é possível ver um leão totalmente destruído, justamente o que aconteceu com a Assíria e com Nínive.

No versículo seguinte lemos: "Estou contra você, declara o Senhor dos Exércitos, queimarei no fogo os seus carros de guerra, e a espada matará os seus leões. Eliminarei da terra sua caça, e a voz dos seus mensageiros jamais será ouvida" (2:13). De fato, quando os exércitos entraram em Nínive, puseram fogo nos carros do exército da Assíria. O fogo, por sua vez, se alastrou, e toda a cidade foi incendiada. A profecia de Naum, ainda no primeiro capítulo do livro, se tornou uma realidade: "O Senhor decreta o seguinte a seu respeito, ó rei de Nínive: **Você não terá descendentes que perpetuem o seu nome**. Destruirei as imagens esculpidas e os ídolos de metal do templo dos seus deuses. Prepararei o seu túmulo, porque você é desprezível" (1:14). Deus disse que o culpado não sairia ileso, e foi isso que aconteceu. Deus avisou através de Naum, dando detalhes preciosíssimos, e o que Ele disse se tornou realidade: o domínio da Assíria acabou. Aquela civilização, outrora grande e poderosa, desapareceu e foi tirada da história.

TERCEIRA MENSAGEM: DEUS CONSOLA

A terceira mensagem para a qual eu quero chamar sua atenção é a mensagem de consolo de Deus. Como descrito anteriormente, o nome de Naum significa consolo, ou consolado. Porém, parece que são tantas palavras de juízo, ira e indignação, que talvez você se pergunte onde está esse consolo. Na verdade, a mensagem de Naum visava alcançar dois públicos: os ninivitas e os judeus. Observe o seguinte trecho, onde o profeta fala dos assírios, mas se dirigindo aos judeus: "Assim diz o Senhor: Apesar de serem fortes e numerosos, serão ceifados e destruídos; mas, **você, Judá, embora eu a tenha afligido, não a afligirei mais**. Agora vou **quebrar o jugo** do seu pescoço e **arrancar as suas** algemas [...]. Vejam sobre os montes os pés **do que anuncia boas notícias e proclama a paz!** Comemore as suas festas, ó Judá, e cumpra os seus votos. Nunca mais o perverso a invadirá; ele será completamente destruído" (1:12-13,15). Aqui está a palavra de conforto e de consolo para o povo de Deus, e para tantos outros que sofriam debaixo das maldades e crueldades assírias. Eles não seriam mais afligidos; tornar-se-iam livres; encontrariam paz; e poderiam comemorar o fim da opressão. No capítulo 2, Naum diz: "O Senhor **restaurará o esplendor de Jacó**; restaurará o esplendor de Israel, embora os saqueadores tenham devastado e destruído as suas videiras" (2:2). A nação que sofria recebe agora a boa notícia de que seria liberta, cuidada e restaurada pelo Senhor. O mesmo Deus que derrama a punição para quem merece é o Deus bondoso que acolhe e cuida dos Seus, e isso é consolo aos olhos dos oprimidos e injustiçados.

O QUE TEM ISSO A VER COMIGO?

Apesar de o livro de Naum retratar uma realidade bem específica do que estava acontecendo naquele momento com a nação de Judá e a nação da Assíria, é possível identificarmos aqui alguns aspectos que podem se relacionar conosco. O primeiro deles é que não podemos nos enganar. Veja o que é dito logo no início do livro: "O Senhor é muito paciente, mas o seu poder é imenso; o Senhor **não deixará impune o culpado**. O seu caminho está no vendaval e na tempestade, e as nuvens são a poeira de seus pés" (1:3). Deus não faz vistas grossas para o pecado. Tenho dito e repetido isso, porque essa é uma mensagem recorrente nos Profetas Menores. Não pense você que, ao ocultar seu pecado, está enganando a todos e, portanto, tudo estará bem. Não se engane: o mal cometido será julgado. Agora, ou logo mais, você prestará contas a Deus e sofrerá as consequências.

Por outro lado, e esse é o segundo aspecto que quero ressaltar, o mesmo Deus que disciplina o Seu povo também é paciente e bondoso. As Escrituras nos falam da bondade do nosso Deus, que chegou a ponto de Ele enviar o Seu Filho Jesus Cristo para, naquela cruz, assumir os pecados de toda a humanidade e ser julgado e condenado por toda a justiça de Deus. Quanta bondade, misericórdia e compaixão do Senhor ao nos prover da salvação e perdão dos pecados! Ele não deixou de ser justo, mas uma alma sem pecado foi punida em nosso lugar. Lembre-se sempre de que o pecado que você já cometeu até aqui não precisa ser o ponto final da sua história de culpa. Você pode desfrutar do perdão, da compaixão e bondade de Deus.

Por fim, eu gostaria de chamar sua atenção para o valor das Escrituras. Naum escreveu 48 anos antes do desenrolar de todos aqueles acontecimentos. É possível que aquele povo, ao ler ou ouvir as palavras do profeta, não conseguisse compreender muitas das coisas que estavam sendo ditas. Nós, entretanto, com todos os resultados e relatos históricos que temos à disposição, podemos olhar para esse livro, avaliar o que aconteceu e nos admirar perante o cumprimento das profecias de Naum. Os profetas anunciavam o que Deus lhes falava, e o material que produziram era, e é, absolutamente confiável. A palavra dos profetas que temos hoje, tal como dito pelo apóstolo Pedro, é mais confiável do que qualquer experiência que você e eu possamos ter. Portanto, fica aqui um chamado, um desafio e um encorajamento para que você busque conhecer mais dessa palavra confiável do nosso Deus. Nós temos o que aprender com Naum; temos com o que nos alegrar em Naum; e podemos provar, em nossa vida pessoal, tanto da punição justa pelo pecado, como também da bondade, misericórdia e compaixão de nosso Deus.

PROFETAS MENORES

חבקוק

HABACUQUE
O PROFETA DA PERPLEXIDADE

ESTABELECENDO UM PARALELO
Chegamos a Habacuque, o oitavo livro dos chamados Profetas Menores. A esta altura você já deve ter percebido que, embora sejam chamados de menores, em função do tempo ou da quantidade de escritos, as mensagens desses profetas são maiores, isto é, de grande qualidade e relevância, e o livro de Habacuque não foge à regra.

Sabemos que o profeta Habacuque viveu no período que precede o ano 606 a.C., pois ele anunciou fatos dramáticos que se desenrolaram a partir deste ano e se consumaram em 586 a.C. O ambiente em que ele profetizou é a nação de Judá, reino localizado ao Sul. A condição moral de Judá em seus dias, descrita nas primeiras palavras do livro, não era muito diferente do que vemos no nosso país hoje. Observe: "Até quando, Senhor, clamarei por socorro, sem que tu ouças? Até quando gritarei a ti: **Violência**! Sem que tragas salvação? Por que me fazes ver a injustiça, e contemplar a maldade? A destruição e a violência estão diante de mim; há luta e conflito por todo lado" (1:2-3). Aquela triste realidade cheia de injustiça, maldade, destruição, violência, luta e conflitos, parece a mesma que encontramos hoje no Brasil ao abrirmos as páginas de um jornal. O povo clamava e esperava que suas cortes julgassem e trouxessem justiça, porém isso não acontecia. Hoje, a população clama contra a violência nas invasões de escolas, nos lugares públicos, no campo e nas cortes, mas a solução não vem. Enquanto tantos países se desenvolvem, o Brasil passa por crises atrás de crises, decorrentes de más e corruptas administrações públicas.

Para que fosse um paralelo perfeito, no entanto, teríamos de fazer uma distinção. O que estava acontecendo na época de Habacuque, não ocorria numa nação como o Brasil. O Brasil é uma nação que, efetivamente, não tem nenhum compromisso com Deus, enquanto Judá era o próprio povo de Deus. Se, por um lado, é possível fazer essa comparação por se tratar de duas nações, por outro, Judá era uma forma de teocracia, com um pacto firmado por Deus, diferentemente do que acontece com o Brasil, um país secular. O paralelo perfeito, portanto, seria colocar Judá de um lado e a Igreja do outro. A realidade da Igreja cristã em nossos dias não é das mais elogiáveis e, ainda que não se equipare à condição que Habacuque descreve da sociedade de Judá, podemos nos indignar, tal como o profeta, com a impiedade reinante ao nosso redor e com o fato de que, aparentemente, Deus não fazer nada sobre isso.

Habacuque diz: "Por isso **a lei se enfraquece** e a justiça nunca prevalece. Os ímpios prejudicam os justos, e assim a justiça é pervertida" (1:4). Nossas autoridades de investigação afirmaram que o valor desviado no Brasil com a corrupção já alcança trilhões. Eu já me impressionava quando se falava em bilhões, porém agora são estimados trilhões! Imagine se esse dinheiro tivesse sido investido na saúde e educação, em vez de cair nas mãos dos ímpios que prejudicam os justos e pervertem a justiça! Como entender e sobreviver a isso? Como expressar todo o nosso descontentamento e frustração diante da injustiça, insegurança, violência, corrupção, luta e conflitos que nos cercam? O profeta Isaías aponta que os caminhos de Deus não são como os nossos; eles são mais altos. E Habacuque expressa essa mesma compreensão em seu livro. Apesar de ver toda aquela corrupção, violência e injustiça, ele consegue perceber a mão de Deus na história do Seu povo. O conhecimento que ele tinha de Deus interferia e requalificava o sofrimento nas circunstâncias pelas quais ele passava.

CAPÍTULO UM: A PERPLEXIDADE HUMANA DIANTE DE DEUS

QUANDO DEUS NÃO RESOLVE

Minha proposta é convidá-lo a olhar para esse pequeno livro e, em cada capítulo, observar uma maneira como o profeta Habacuque reagia à realidade com a qual ele se defrontava, e que nós também nos defrontamos. No primeiro capítulo, encontramos a perplexidade humana diante de Deus, ou mais especificamente, a perplexidade de Habacuque diante da realidade em que ele vivia: injustiça livre, justiça frouxa, maldade crescente, justo sendo prejudicado, violência, luta, conflitos... Assim como nós hoje, Habacuque também não podia se conformar com o que estava acontecendo, por isso ele leva a situação crítica a Deus, dizendo: "**Até quando**, Senhor, clamarei por socorro, **sem que tu ouças?**" (1:2).

Apesar de Habacuque orar a Deus pelo sofrimento que estava à sua volta, a sua sensação é de que Deus não ouvia essa oração. Sendo assim, o seu conflito não era só com a realidade em que ele vivia, mas também por parecer que, em meio a todo aquele caos, a sua oração não passava do teto, e Deus não estava ouvindo. Mais grave ainda, veja o que o profeta diz na continuação do versículo dois: "Até quando gritarei a ti: Violência! **Sem que tragas a salvação?**" (1:2). Ele entendia, ou sentia, que Deus não ouvia a sua oração e, se a ouvia, não respondia e nada fazia. Mesmo com todo o clamor de Habacuque para que o Senhor trouxesse libertação e mudasse a história, nada acontecia. Perante essa aparente falta de resposta e ação de Deus, o profeta começa a repetir a mesma pergunta: até quando? Até quando Senhor? Parece que Habacuque estava desanimado, desapontado e cansado de esperar que Deus agisse e mudasse a história daquela nação. Provavelmente, você que é cristão já se sentiu assim em diversos momentos, seja por motivos nacionais ou motivos pessoais, e, tal como o profeta, também se perguntou: até quando Senhor?

QUANDO DEUS COMPLICA

Não bastasse o problema da corrupção e impunidade, somados à aparente indiferença de Deus, ou ao menos à falta de pressa, Habacuque fica perplexo quando o Senhor, finalmente, responde. E isso porque a resposta não era a que ele esperava. Muitos pensam que podem moldar Deus, colocando-o dentro de uma caixinha e definindo o que e como Ele tem que agir. No entanto, Deus sempre nos surpreende. Observe qual foi a resposta reveladora de Deus para Habacuque: "Olhem as nações e contemplem-nas, fiquem atônitos e pasmem; pois nos dias de vocês **farei algo em que não creriam se lhes fosse contado**. Estou **trazendo os babilônios**, nação **cruel e impetuosa, que marcha por toda a extensão da terra** para apoderar-se de moradias que não lhe pertencem" (1:5-6). Quando Habacuque reclama da situação crítica na qual eles estavam vivendo, Deus responde dizendo que traria os babilônios, uma nação cruel com um exército enorme e poderoso, para invadir a terra e tomar posse de tudo o que era deles. É como se hoje você estivesse torcendo para que o seu time de futebol chegasse aos seis melhores do Campeonato Brasileiro. Quando vê a situação crítica em que ele se encontra, sem técnico e jogador, você resolve orar pelo seu time e pedir a ajuda de Deus. Porém, em vez da vitória que você esperava, o seu time acaba perdendo de goleada para o adversário.

A notícia chega para Habacuque como se as coisas fossem piorar, e a sua reação é muito interessante. Inconformado pela resposta não ser do seu agrado, ou pelo menos algo melhor, ele diz ao Senhor: "Senhor, tu não és desde a **eternidade? Meu Deus, meu Santo, tu não morrerás**. Senhor, tu designaste essa nação para executar juízo; ó **Rocha**, determinaste que ela aplicasse castigo" (1.12). O que Habacuque está fazendo? Ele volta aos seus livros de teologia, a tudo o que já foi revelado acerca do seu Deus, e faz uma "escaneada" na sua visão teológica. Ele reconhece que esse Deus é o Senhor desde a eternidade; é o Deus que fez uma aliança com aquela nação; é um Deus pessoal, que tem compromissos com aquele povo e consigo mesmo. Isso o leva a concluir que foi o Senhor, rocha firme, quem escolheu aquela nação estrangeira para ser disciplinadora e para que o Seu juízo fosse executado, por isso os estava levando para lá.

No versículo seguinte é dito: "Teus olhos são tão **puros** que não suportam ver o mal; não podes tolerar a maldade. Então, **por que toleras os perversos? Por que ficas calado** enquanto os ímpios devoraram os que são mais justos que eles?" (1:13). Se compararmos Judá com a Babilônia, certamente Judá era muito menos perversa e ímpia do que os babilônios.

Por que, então, o mais ímpio disciplinaria o menos ímpio? Porque Judá era o povo com quem Deus firmara um pacto e, uma vez que eles haviam saído da direção do Senhor, precisavam passar por disciplina. Os babilônios foram somente os instrumentos usados por Deus.

QUEM ENTENDE ESSE DEUS?
Habacuque, em suas considerações, está tentando entender a ideia de Deus usar um povo mais ímpio para castigar o menos ímpio. No entanto, isso não faz sentido para ele. Em sua mente, Deus teria que proteger o Seu próprio povo daquele que é mais ímpio, assim como você acha que Deus tem que proteger você, cuidar de você e dar o melhor para você. A declaração de Deus, de que as coisas ainda piorariam, era incabível para o profeta. Ele estava de tal forma perplexo, buscando uma resposta, que chega a dizer: "Ficarei no meu posto de sentinela e tomarei posição sobre a muralha; aguardarei para ver o que o Senhor me dirá e que resposta terei **à minha queixa**" (2:1). Habacuque tinha uma queixa, protocolou sua queixa diante de Deus e, a resposta que obteve não apenas aumentou sua frustração, como gerou uma dúvida maior: deixaria Deus o Seu povo ser invadido e entregue nas mãos de um inimigo mais poderoso?

A história de Habacuque tem paralelos em outros lugares da Bíblia. Jó, por exemplo, lidou com essa mesma questão, embora seu caso fosse acerca dos males que o alcançavam pessoalmente e não algo coletivo, de toda uma nação, tal como acontece com Habacuque. O profeta Jonas também tem semelhanças, quando ficou indignado e perplexo pelo fato de o Senhor não destruir Nínive. Jonas escolheu um lugar para observar o que, efetivamente, aconteceria com os ninivitas, pois ele queria ver aquele povo destruído. Porém Deus acabou sendo compassivo com eles. Habacuque também escolhe um lugar, um posto de sentinela, de onde ele espera que o Senhor responda à sua queixa. Ele consegue somar os fatos, rever sua teologia, e até compreender qual o recado que Deus estava dando. Entretanto, para ele não fazia sentido o Senhor deixar o Seu povo vivendo no pecado, além de permitir que fosse invadido e destruído por outro povo, ainda mais pecador.

Nessa situação, a maneira como Deus estava agindo não se alinhava com as expectativas e entendimento não apenas de Habacuque, como também dos agentes do próprio fato, ou seja, os babilônios. Observe o que o profeta fala sobre eles: "Depois passam como vento e prosseguem; homens carregados de culpa, e que tem por deus a sua própria força" (1:11). O povo babilônico, que invadiria Judá conforme a profecia, pensava que o faria por causa da sua própria força. Eles desconheciam que era Deus quem os levaria a Judá com o propósito que Ele tinha para o Seu próprio povo. Ainda que as causas dos babilônios e a força de seus exércitos entrassem na equação, eles não entendiam que havia um Deus soberano tratando de todos estes elementos. Em Habacuque 1:16 é dito: "E por essa razão ele oferece sacrifício à sua rede e queima incenso em sua honra, pois, graças à sua rede, vive em grande conforto e desfruta iguarias". Os babilônios achavam que eles, com suas capacidades militares e suas divindades, alcançariam o sucesso em suas investidas. Ele estavam no cenário sentindo-se os protagonistas, quando na verdade eram apenas figurantes, que não sabiam nem o porquê dos fatos.

Habacuque não entendia; os babilônios não entendiam; e pessoas comuns, como eu e você, muitas vezes também não entendemos e questionamos o que Deus está fazendo. Quem não estranha tantas crises, violência, enfermidades, injustiças e dramas familiares que afetam os filhos de Deus? Quem não gostaria que nada disso acontecesse? Nós podemos orar para que esses males não nos afetem e, assim como o Habacuque, pensar e dizer: "Até quando Senhor? Alivia Senhor!". Todavia, pode ser que a resposta do Senhor para você também não seja reconfortante. Você nunca compreenderá todos os movimentos de Deus. Portanto, e tal qual o profeta, talvez seja a hora de parar e falar: "Estou esperando para entender Senhor!"

CAPÍTULO DOIS: A RESPOSTA DE DEUS À PERPLEXIDADE HUMANA

A VISÃO PARA UM TEMPO
No segundo capítulo do livro de Habacuque, vemos Deus respondendo a esses questionamentos que surgem em nosso coração, quando lidamos com situações análogas onde não vemos Deus agir, ou não entendemos

como Ele está agindo. Observe o que o Senhor responde a Habacuque: "Então o Senhor me respondeu: 'Escreva claramente a visão em tábuas, para que se **leia facilmente**'" (2:2). Neste versículo é o próprio Deus que propõe que se fizesse uma espécie de *outdoor* — tábuas para serem lidas rapidamente — para que todos pudessem ler. Qual seria essa mensagem que Deus queria deixar muito clara e evidente?

Mais do que saber qual era, primeiramente temos que entender para quando era a mensagem: "Pois a visão aguarda um tempo designado; ela fala do fim, e não falhará. Ainda que demore, espere-a; porque ela certamente virá e não se atrasará" (2:3). Em meio a seus dias de crise, questionamento e perplexidade, Habacuque recebe uma visão de Deus, mas que não se realizaria naquele momento. O tempo presente de Habacuque é o da crise, segue-se o tempo futuro imediato da profecia, no qual eles seriam invadidos e conquistados pelos babilônios, e então Deus abre o véu para que Habacuque tenha uma visão do que acontecerá no futuro distante. A visão tem um tempo determinado para ser realizada, e quem define quando ela acontecerá é o próprio Senhor. Habacuque poderia achar que nada aconteceria, porém Deus está lhe dizendo que Ele é soberano, e tem o calendário e a agenda na mão para definir o que acontecerá no futuro.

Essa profecia não era para os dias de Habacuque, e ainda não se realizou nos nossos dias. Conforme diz a passagem acima, ela acontecerá no fim. Mais do que isso, lemos no versículo que ela "não falhará. Ainda que demore, [...] ela certamente virá e não se atrasará". Ela parece demorar em função da expectativa de Habacuque, e da nossa própria expectativa, mas não em função da data designada pelo Senhor. O que Deus tem a fazer acontecerá no tempo designado por Ele, e não no tempo em que você e eu queremos. Você pode até pedir algo como: "Senhor traga o Seu juízo imediatamente! Destrua Brasília até o fim do ano!". No entanto, Ele sabe o tempo de agir. Parece que demora, porém a resposta de Deus não atrasa e, certamente, no fim ela virá.

CERTEZA DOS "AIS"

Do que trata, então, essa profecia? Nos textos seguintes encontramos dois elementos referentes ao que Deus fará. O primeiro é sobre o que acontecerá com a impiedade humana: "De fato, a **riqueza é ilusória**, e o **ímpio** é **arrogante** e não descansa; ele é voraz como a sepultura e como a morte. Nunca se satisfaz; apanha para si todas as nações e ajunta para si todos os povos" (2:5). Há quem confie em sua riqueza, há quem confie em sua impiedade e há quem confie em sua soberba. Deus diz, porém, que tudo é um engano e que Ele tem uma data estabelecida para dar um basta e tratar com toda injustiça.

A ideia do juízo de Deus sobre a injustiça humana é manifesta nos próximos versículos, com algumas ocorrências da expressão "ai": "**Ai** daquele que amontoa bens roubados e enriquece mediante extorsão!" (2:6); "**Ai** daquele que obtém lucros injustos para a sua casa, para pôr seu ninho no alto e escapar das garras do mal!" (v.9); "**Ai** daquele que edifica uma cidade com sangue e a estabelece com crime!" (v.12); "**Ai** daquele que diz à madeira: 'Desperte!' Ou à pedra sem vida: 'Acorde!' Poderá o ídolo dar orientação? Está coberto de ouro e prata, mas não respira" (v.19). A mensagem de Deus aqui é clara. O dia do juízo chegará e ai de quem se aproveita do dinheiro que não é seu e obtém lucro baseado na extorsão. Ai daqueles que são criminosos e violentos. Ai daqueles que são idólatras e, ainda que não façam ídolos com nomes de falsas divindades, têm como ídolos coisas efêmeras como sua própria capacidade, sua autoestima, um ente querido etc. Não sabemos quando, e nem será quando nós quisermos, mas o dia do juízo do Senhor chegará.

Veja o que diz o versículo 13: "Acaso não vem do Senhor dos Exércitos que o trabalho dos povos seja só para satisfazer o fogo, e que as nações se afadiguem em vão?". Deus não está à parte do que acontece. Quem acumula em sua vida recursos da indignidade, da impiedade, da corrupção, da opressão, da injustiça, do roubo e da idolatria está simplesmente acumulando lenha que o queimará no dia do seu juízo. Você pode ficar indignado com a situação da sociedade brasileira. Contudo, saiba que nada disso passará despercebido ou será esquecido por Deus.

A GLÓRIA DO SENHOR

Se a primeira parte da visão que mencionei inicialmente é a compreensão de que o juízo de Deus chegará, o segundo aspecto é uma promessa muito mais positiva: haverá um dia em que esta Terra estará cheia da glória do Senhor. É o que lemos no seguinte versículo: "Mas **a terra se** encherá do conhecimento da glória do Senhor, como as águas enchem o mar" (2:14). Quando se cruza o Atlântico voando para a Europa ou África, algo que salta aos olhos e arranca exclamações é a imensidão do oceano Atlântico. Imagine, então, como será voar sobre o Pacífico e cruzar toda a sua extensão. Nosso planeta está cheio de água, com os oceanos ocupando 70% da área do planeta Terra, e é essa a figura de linguagem que o profeta Habacuque utiliza: assim como os oceanos cobrem a face da Terra, chegará o tempo que ela estará cheia da glória do Senhor!

A sociedade contemporânea se caracteriza por violência, injustiça, corrupção, roubalheira, opressão e, perante tudo isso, nós ficamos perplexos. No entanto, será que essa perplexidade justifica reclamar a Deus? Será que adianta esperar que Ele faça alguma coisa? Será que Ele está, realmente, nos ouvindo? O Deus que diz que haverá justiça e julgamento, também diz que haverá a ocasião em que, na face da Terra, será nitidamente percebida e conhecida a Sua ação, poder e domínio com a Sua justiça. É nessa ocasião que a Terra se encherá do conhecimento da glória do Senhor.

ADVERTÊNCIA

Por essa razão é que em 2:4 aparece mais uma mensagem que deveria estar naquele *outdoor*: "O ímpio está envaidecido; seus desejos não são bons; mas o **justo viverá pela sua fidelidade**". Ou, como diz outra tradução, "o justo viverá pela sua fé". Deus está dizendo que as pessoas que estão perplexas diante dessa sociedade corrupta e perversa devem confiar e esperar nas promessas dele. O justo sobreviver neste mundo pela fé, ou pela fidelidade, significa que em vez de se abater pelo que ele vê no mundo, ou de se amoldar aos padrões dessa sociedade, ele deve crer no que Deus fala. Ou seja, confiar quando Deus diz que a impiedade será punida e que a justiça e a glória serão estabelecidas. Lembre-se sempre de que o justo vive pela fé e não pelo que ele vê.

Habacuque notava toda a confusão em seu país e sofria com a opressão, violência e injustiça. Ao mesmo tempo em que clamava pela ação interventora de Deus, ele se queixava da falta de ação e resposta divina. E, quando Deus anuncia o que faria, o profeta fica desapontado e perplexo. É nesse cenário mental e emocional de Habacuque, que Deus lhe diz para confiar que, no tempo dele, e do jeito dele, Ele fará justiça e o ímpio será punido. O Senhor estava dizendo que Ele estava no controle e que, portanto, o profeta não deveria se abater ou se amoldar aos padrões daquela sociedade. O justo deve viver de acordo com a vontade de Deus e, no devido momento, desfrutará da sociedade marcada pela glória de Deus. Você acha que as coisas estão perdidas? Não, elas não estão, pois o soberano Senhor está no Seu trono e sabe como e quando agir. A nós, basta confiar.

Habacuque entendeu tanto o recado de Deus, quanto à sua implicação. Observe o que ele diz: "O Senhor, porém, está em seu santo templo; **diante dele fique em silêncio toda a terra**" (2:20). O reconhecimento de que Deus, o soberano Senhor, está no controle e sabe exatamente o que faz, leva ao reconhecimento de que nós, humanos, somos finitos, limitados e precisamos nos calar. Quando compreendemos o tamanho da autoridade, poder, sabedoria e planos do Senhor, reconhecemos que nós não lhe acrescentaremos nada, a não ser respeito e admiração. Deus é soberano e está no controle, portanto, apenas ouça a Sua Palavra, confie nele e fique calado. O seu coração pode estar aflito por causa dos males pessoais que você experimenta, ou por causa da injustiça endêmica na sociedade. Entretanto, não se esqueça de que Deus está no controle e já tem tudo planejado. No fim, o ímpio será punido e a glória do Senhor encherá toda a Terra.

CAPÍTULO TRÊS: A POSTURA QUE DEUS ESPERA DE NÓS

ORAÇÃO

Chegamos ao terceiro capítulo da mensagem de Habacuque, onde veremos qual atitude Deus espera de cada um de nós. Afinal, como essas revelações nos afetam? Ou como isso altera o nosso dia a dia e conduta? Logo no início do capítulo três lemos: "Oração do profeta Habacuque. **Uma confissão**" (v.1). Habacuque começou dizendo que tinha uma queixa, contudo, depois que Deus se revela, agora ele tem uma confissão. Vejamos que confissão é essa: "Senhor, ouvi falar da tua fama; **tremo** diante dos teus atos, Senhor. Realiza de novo, em nossa época, as mesmas obras, faze-as conhecidas em nosso tempo; em tua ira, lembra-te da misericórdia" (v.2). Diante do que Habacuque ouviu sobre o Senhor, de um modo ou outro, ele acabou deixando-se refrescar pelos ventos da história de como Deus andou com Seu povo. Ou ele se voltou para as Escrituras, para os relatos históricos dos fatos da vida do povo de Deus, ou sua memória começou a relembrar o que Deus tinha feito no passado. E, refrescado pela fama do que Deus outrora fizera, ele reage com tremor. Algumas vezes eu pego a Bíblia para simplesmente ler e, dessa maneira, me alegro com o que Deus fez e como o fez. É exatamente isso o que Habacuque estava fazendo. Seja por simplesmente relembrar, ou por rever os livros que o precederam relatando as obras de Deus, ele reage com tremor.

O profeta não somente treme, mas o seu coração é nutrido com esperança e, por isso, ele diz: "Realiza de novo, em nossa época, as mesmas obras" (v.2). Então, nos versículos seguintes, ele alinha fatos da ação de Deus no passado, que visitam a sua mente. No versículo 3, ele cita as aparições de Deus no deserto; no 4 fala das manifestações de Deus no Sinai; no 5 fala das pragas no Egito; no 6 e 7 menciona os julgamentos poderosos de Deus; de 8 a 10 fala da passagem do mar Vermelho; e do 11 a 15 fala sobre as conquistas poderosas de Josué na terra. Enquanto o profeta enumera e olha para essa história, o seu coração está sendo nutrido de fé e esperança e, inspirado pelas obras de Deus, ele pede ao Senhor que repita suas ações poderosas no presente.

Ainda no versículo 2, ele diz: "Senhor [...] em tua ira, lembra-te da misericórdia". Habacuque tem a convicção de que Deus é misericordioso e compassivo. No entanto, ele também sabe o que Deus tem para fazer com Judá e com a Babilônia. Portanto, sabendo que aquela disciplina é justa e razoável, ele apenas ora para que Deus, ao disciplinar, tenha misericórdia. Nesses últimos dias, tenho refletido um pouco mais sobre a misericórdia de Deus na minha vida. Por vezes eu me sinto numa gangorra com Deus em que, quando do meu lado pesa mais a minha própria culpa, assim que confesso, reconheço quão mais gracioso, misericordioso, compassivo, bondoso, perdoador e paciente Deus é comigo. Por outro lado, quanto mais eu ignoro o quanto meu coração é corrupto, desenvolvo a ideia que sou um cara legal e, nessas condições, não se destacam a grandeza e glória da misericórdia, do amor e da compaixão do meu Deus comigo.

Habacuque está olhando para o passado à luz da promessa futura, do juízo de Deus e da restauração da nação. Se no início do capítulo ele já manifestava temor, agora isso se intensifica. Veja o que é dito: "Ouvi isso, e o meu **íntimo estremeceu**" (v.16). Ele está sendo afetado no íntimo pelas lembranças da ação de Deus. O seu âmago está tremendo diante do Senhor, por isso ele acrescenta: "meus **lábios tremeram**; os meus **ossos desfaleceram; minhas pernas vacilavam**" (v.16). Em outras palavras, ele está trêmulo diante de tudo o que que está lendo, ouvindo, aprendendo e relembrando sobre o Senhor. Então, ele diz: "**Tranquilo esperarei** o dia da desgraça que virá, sobre o povo que nos ataca" (v.16). Ele sabe que é inevitável passar pela desgraça, porém, espera o dia em que o Senhor fará justiça, inclusive para quem os destruir. Relembre o processo pelo qual Habacuque passou. Em dado momento, ele está perplexo e acha que Deus não está ouvindo nem fazendo nada. Diante de uma resposta divina, ele passa a se queixar, como quem pudesse dar um xeque-mate em Deus, e em seguida fica calado e começa a tremer. Finalmente, quando a temida invasão está para acontecer, o profeta diz que está tranquilo à espera do dia da desgraça. Da indignação e perplexidade, ele chega à tranquilidade por saber que Deus está no controle e sabe o que faz.

Ele vai ainda além e diz: "Mesmo não florescendo a figueira, e não havendo uvas nas videiras, mesmo falhando a safra de azeitonas, não havendo produção de alimento nas lavouras, nem ovelhas no curral nem bois nos estábulos" (v.17). Ele tem uma visão clara do que acontecerá com a economia nacional. As frutas desaparecerão e que, desaparecendo a uva, não haverá mais vinho, fundamental em muitos lugares para amortizar o gosto forte da água. A safra de azeitonas falhará e não haverá mais azeite para cozinhar. Na verdade, o azeite não seria necessário pois não haverá alimento algum: nem trigo, nem pão e nem ovelhas no curral. Além da falta de carne, sem as ovelhas também não terão lã e passarão frio, e sem os bois nos estábulos não haverá couro para as sandálias. Mesmo percebendo o impacto desse juízo do Senhor, com a invasão dos caldeus, Habacuque não deixa de exultar e se alegrar no Senhor: "ainda assim eu **exultarei** no Senhor e me **alegrarei** no Deus da minha salvação" (v.18). Ele não tem uma promessa de que prosperará, ficará rico, não ficará doente e tudo dará certo. Como se bastasse somente repreender, amarrar ou falar positivamente porque as palavras têm poder e tudo estará resolvido. Isso é o que alguns, enganosamente, ensinam nos dias de hoje. Habacuque tem consciência dos tempos difíceis que virão, porém, ainda assim, ele busca e se alegrar no Senhor, aquele que é a fonte da sua alegria.

O verbo hebraico traduzido no versículo 18 por "exultar" tem também o significado de "rodopiar". É como se o profeta do Senhor estivesse celebrando, dançando e girando diante de Deus. Ele não se contém quando se alegra diante do Senhor por saber que a sua salvação, a sua vida e a sua segurança estão garantidas por Deus. Conforme diz o versículo 19, nós sabemos de onde vinha essa confiança: "O **Senhor**, o **Soberano**, é a minha **força**; ele faz os meus pés como os do cervo; faz-me andar em lugares altos". Habacuque entende que tudo o que acontece naquela nação está debaixo do domínio do único soberano, ainda que seja uma temível invasão. Ele pode não entender todas as coisas, contudo, sabe que Deus está no controle, que Deus tem o tempo designado por si mesmo para agir e que Deus dará um destino melhor para o Seu povo. A confiança e a certeza que ele tem na comunhão com Deus o fortalecem a ponto de ele dizer que anda como o cervo, isto é, anda saltando como se estivesse acima de qualquer ameaça e problema. A força que o profeta tem no Senhor o coloca nos lugares altos e naquilo que Deus tem para ele, não havendo nada que o ameace. Não existe ameaça que possa afetar ou alterar o povo de Deus que é cuidado pelo bondoso soberano.

VIVENDO PELA FÉ

Um homem frustrado, indignado e perplexo como Habacuque, que se sente corajoso o suficiente para se queixar diante de Deus, teve o privilégio de ver Deus abrindo um pouco da cortina que esconde o futuro e lhe mostrando o que Ele fará: a justiça, a punição e o encher da Terra com o conhecimento da glória do Senhor. O justo vive pela fé, portanto, ele deve confiar e andar de acordo com que Deus fala pois, no fim dos tempos, tudo estará de acordo. É Deus quem está com o calendário do que acontecerá na história humana e é Ele quem controla todas as coisas. O Senhor está dizendo ao profeta: "Habacuque, dias piores e mais difíceis virão, entretanto, espere, fique calado, confie e ande de acordo com a minha orientação".

O que o deixa desanimado? São as notícias do que o STF faz ou deixa de fazer? São as notícias de quais são as perspectivas econômicas para o país? É a falta de notícias de punição adequada para os opressores? O que atinge o seu coração? Você tem orado e não tem visto a resposta? Você acha que tem condições de dizer para Deus o que Ele tem que fazer, como tem que fazer e quando tem que fazer? Qual é a sua realidade? O que tem acontecido em sua vida? Recorrentemente passamos por crises, no entanto, elas não podem definir o nosso estado emocional e espiritual. Há um Deus soberano do qual podemos nos aproximar e desfrutar do perdão pelos nossos pecados através do Senhor Jesus Cristo, porque no plano soberano de Deus, Jesus foi enviado à cruz para sofrer a culpa do seu e do meu pecado. Devemos chegar diante de Deus confiantes na salvação que Ele provê e garante, e confiantes de que o nosso futuro está garantido. Devemos estar alegres enquanto estamos aqui, não sendo movidos e nem regidos pela tragédia na sociedade humana. Este mundo não estará nesse estado para sempre e, embora essa situação possa nos angustiar, nos deixar perplexos e nos desanimar, existem promessas que fazem o nosso coração tremer. Podemos esperar tranquilos e adequar nossa vida aos padrões do Senhor, pois Ele tem a agenda e o cronograma em Suas mãos. Reflita sobre o que você tem feito com aquilo que conhece do seu Deus.

PROFETAS MENORES

צפניה

SOFONIAS
O PROFETA QUE TROUXE ESPERANÇA

QUEM ERA SOFONIAS?
Sofonias é alguém que, diferentemente de outros profetas que tinham atividades que poderíamos considerar menos nobres — como Oseias, que alguns creem ser padeiro, ou Amós, que declara ser coletor de figos e pastor de ovelhas —, exercia outras funções. Logo no início de seu livro, ele descreve qual é o ambiente de onde vem: "Palavra do Senhor que veio a Sofonias, filho de Cuchi, neto de Gedalias, bisneto de Amarias e **trineto de Ezequias**, durante o reinado de **Josias**, filho de Amom, rei de Judá" (1:1). Sofonias era trineto de Ezequias, o rei de Judá, e primo do rei Josias. Ele era, portanto, parte da nobreza de Judá. Ele estava presente em Judá entre os anos 620 a.C. e 600 a.C., posteriormente a Habacuque, que anunciara a invasão babilônica iniciada em 606 a.C. e concluída em 586 a.C. Assim, Sofonias tomou conhecimento das profecias de Habacuque, participou dos temores do que estava por acontecer, presenciou parte do cumprimento profético de Habacuque e, possivelmente, viu a consolidação daquela profecia.

UM POUCO DE HISTÓRIA

Já no primeiro versículo o profeta apresenta cinco gerações diferentes entre ele e o rei Ezequias, o que evidencia a importância dos fatos históricos para Sofonias. Sendo assim, é interessante olharmos um pouco para essa história, uma vez que ela é o pano de fundo para o relato de Sofonias. Sobre seu trisavô, sabemos que foi um rei de expressão: "**Ezequias confiava no Senhor**, o Deus de Israel. **Nunca houve ninguém** como ele entre todos os reis de Judá, **nem antes nem depois dele**. Ele **se apegou ao Senhor e não deixou de segui-lo**; obedeceu aos mandamentos que o senhor tinha dado a Moisés. E o **Senhor estava com ele; era bem-sucedido** em tudo o que fazia. Rebelou-se contra o rei da Assíria e **deixou de submeter-se** a ele" (2Re 18:5-7). Há dois aspectos aqui que valem a pena serem destacados. Em primeiro lugar, vemos que a mão de Deus estava de tal forma sobre a vida de Ezequias, que nem o Império Assírio conseguiu conquistá-lo. No texto de 2Reis 19:32-34, encontramos uma palavra do Senhor dizendo que o rei da Assíria cercaria a cidade, porém não conseguiria lançar uma flecha, muito menos conquistá-la, e foi justamente o que aconteceu. Em segundo lugar, destaco que Ezequias, da maneira como agiu para cessar a idolatria em Judá e fazer o povo voltar-se para Deus, destruiu a idolatria que havia no seu tempo. Recentemente, em escavações arqueológicas em Israel, foi encontrada uma latrina de um templo pagão. O Templo de Judá havia sido modificado para atividades pagãs e lá colocaram um banheiro. Essa descoberta atual é reconhecida como resultado da reforma de Ezequias, que tirou os vestígios da idolatria e jogou-os fora para servir como entulho.

O descendente de Ezequias é Manassés, e o que ouvimos sobre ele entristece: "Mas o povo não quis ouvir. Manassés os desviou, a ponto de fazerem pior do que as nações que o Senhor havia destruído diante dos israelitas" (2Re 21:9). Um rei tão sério com Deus, como foi Ezequias, foi sucedido por alguém mau, reconhecido por fazer pior do que as nações ao redor, e que levou o povo de Deus a uma tragédia sem par. Manassés não queria ouvir ao Senhor, como também não queria que o povo ouvisse a Deus. Como consequência, uma geração temente ao Senhor foi sucedida por outra absolutamente rebelde.

Após Manassés veio o rei Amom e, em seguida, chegamos ao rei Josias, governante no tempo do profeta Sofonias. Josias assume o poder ainda muito jovem e constata o distanciamento do seu povo em relação a Deus. Observe o seguinte texto: "Então o sumo sacerdote Hilquias disse ao secretário Safã: **Encontrei o livro da Lei** no templo do SENHOR. Ele o entregou a Safã, que o leu. Assim que o rei (Josias) ouviu as palavras do livro da Lei, rasgou suas vestes" (2Re 22:8). Diante da descoberta, Josias passa a dar instruções para que seu povo se volte para Deus, e acaba liderando um novo avivamento em Judá.

Este é o contexto de Sofonias, no qual ele viu quão rapidamente torna-se e retorna-se para Deus. Ele pôde olhar um pouco para trás, para a história da sua família, e ver que seu trisavô, outrora rei de Judá, foi temente e conduziu o povo a Deus. Pôde ver também que, na sequência, outro rei veio e se rebelou contra o Senhor. Agora, ele vive no reinado de Josias, provavelmente seu primo, que está promovendo uma reforma nacional. Veja: "O rei colocou-se junto à coluna real e, **na presença do SENHOR, fez uma aliança, comprometendo-se a seguir o SENHOR e obedecer** de todo o coração e de toda a alma aos seus mandamentos, seus preceitos e seus decretos, confirmando assim as palavras da aliança escritas naquele livro. **Então todo o povo se comprometeu com a aliança**" (2Re 23:3). Sofonias tem a visão de que ora o povo seguia a Deus, ora era indiferente a Ele. Em seus dias estava em curso uma reforma na nação, a qual ele mesmo assiste e participa. Contudo, ele se torna crítico, pois entende que a reforma não alcança a profundidade que deveria alcançar.

Os estudiosos calculam que essa reforma começou entre o ano 625 e 620 a.C., e quando Sofonias escreve seu livro, ele diz: "Estenderei a mão contra Judá e contra todos os habitantes de Jerusalém; exterminarei deste lugar **o resto de Baal**, o nome dos ministrantes dos ídolos e seus sacerdotes" (1:4). A reforma havia sido disparada, porém não consumada. Ainda havia restos e vestígios da presença da adoração de Baal, o deus patrono da sociedade canaanita. Isso nos mostra que, apesar da existência de uma reforma religiosa em Judá, ela não teve a profundidade necessária e desejada por Deus. Aquele povo ainda adorava divindades pagãs, tais como Baal.

É interessante ressaltar também que a mensagem profética de Sofonias não se restringe somente a Judá, o que nos auxilia a localizar o período em que ela foi profetizada. Observe este versículo: "Ele estenderá a mão contra o norte e **destruirá a Assíria**, deixando **Nínive totalmente em ruínas**, tão seca como o deserto". A destruição de Nínive, isto é, o assunto desta profecia, veio a se consumar em 612 a.C. Então, essa profecia está localizada entre as reformas iniciadas por Josias e o ano de 612 a.C., o tempo da destruição de Nínive. Neste caso, podemos dizer que a função profética de Sofonias foi realizada entre os anos 620 a.C. e 612 a.C.

O DIA DO SENHOR

Sofonias é o profeta que mais fala do Dia do Senhor. Apesar de poucos capítulos, ao longo do livro encontramos várias vezes a expressão "o dia do Senhor", ou algumas de suas formas como "o dia da ira" ou o "o dia de testemunhar contra". Essa expressão, que aparece 20 vezes no livro, evidencia que a mensagem de Sofonias era uma mensagem de condenação, e que o "dia do Senhor" descrevia o castigo de Deus, fosse para o Seu povo, fosse para outros povos. Judá era uma nação que buscava e confessava a Deus, contudo, eles não haviam dedicado totalmente seu coração aos propósitos e aos princípios de Deus.

A atmosfera do livro é de reprovação, pois a fé do povo não era a fé que eles deveriam ter. De certa forma, eu diria que essa mensagem é para nós, hoje. Nós confessamos ser Igreja do Senhor Jesus Cristo; reconhecemos que Jesus é o Senhor, e até colocamos adesivos que dizem isso nos nossos carros; e declaramos que a Bíblia é a autoridade. No entanto, o que vemos na Igreja dos nossos dias é o intenso desprezo à instrução e aos princípios definidos nas Escrituras. É grande a presença de pessoas que se dizem cristãs, mas que estão envolvidas com os escândalos do nosso país. Há algum tempo, por exemplo, tivemos o caso de um ex-governador, dito evangélico, que foi preso por causa de corrupção. A Igreja dos nossos dias não é muito diferente de Judá dos dias de Sofonias. Eles estavam apegados a uma parte das verdades de Deus, porém eram indiferentes a uma série de outras.

MENSAGEM CONDENADORA

PARA QUEM É ESSA MENSAGEM?

Sofonias lança sua mensagem de condenação nessas condições. No entanto, a quem ela era endereçada? Vejamos com mais detalhes o que estava acontecendo, e com quem Deus estava indignado: "Estenderei a mão contra **Judá** e contra todos os habitantes de **Jerusalém**. Eliminarei deste lugar o remanescente de Baal, os nomes dos **oficiantes** idólatras e dos **sacerdotes**" (1:4). Em primeiro lugar, lemos que sua mensagem era para as pessoas que participavam e lideravam o culto, ou seja, para a liderança de louvor e adoração. No versículo 8 ele diz: "No dia do sacrifício do Senhor castigarei **os líderes e os filhos do rei** e todos os que estão **vestidos com roupas estrangeiras**". Aqui ele fala da elite que liderava a nação e que tinha uma condição distinta. Já no versículo 11 ele menciona os **comerciantes** e os negociantes: "Lamentem, vocês que moram na cidade baixa; todos os seus comerciantes serão completamente destruídos, todos os que **negociam** com prata serão arruinados". Mais adiante, já em outro capítulo, o profeta dirige-se aos juízes e aos profetas: "No meio dela os seus **líderes** são leões que rugem. Seus juízes são **lobos** vespertinos que nada deixam para a manhã seguinte. Seus **profetas** são irresponsáveis, são homens traiçoeiros. Seus **sacerdotes** profanam o santuário e fazem violência à lei" (3:3-4). Para efeito de comparação, esses poderiam equivaler aos pastores atualmente. Qual seria a disposição e critério de Deus na convocação destes para o acerto de contas?

Observe o seguinte versículo: "Nessa época **vasculharei Jerusalém com lamparinas** e castigarei os que são complacentes, que são como vinho envelhecido, deixado com os seus resíduos, que pensam: O Senhor nada fará, nem bem nem mal" (1:12). Deus afirma que os injustos, que merecem o castigo, vão finalmente recebê-lo, pois Ele os procurará com uma lanterna e ninguém conseguirá esconder-se na escuridão. O juízo do Senhor alcançará todos os ímpios que o desobedecem, não importando a posição social que tenham, se são ou não religiosos, se são líderes civis, qual a sua profissão etc. Todos os que têm culpa responderão nessa ocasião com a disciplina, castigo e julgamento de Deus.

No texto, vemos também que a prestação de contas não alcançava somente a nação de Judá, mas incluía nações vizinhas. Observe: "**Gaza** será abandonada, e **Ascalom** ficará arruinada. Ao meio dia **Asdode** será banida, e **Ecrom** será desarraigada. Ai de vocês que vivem junto ao mar, nação dos **quereteus**; a palavra do Senhor está contra você, ó **Canaã**, terra dos **filisteus**. Eu a destruirei, e não sobrará ninguém" (2:4-5). O castigo que estava para acontecer era generalizado e iria além das fronteiras de Judá. Ele afetaria as nações da região, mencionadas nos versículos acima, porém outros povos também passariam pelo julgamento: "Vocês também, ó **etíopes**, serão mortos pela minha espada" (2:12). Há diferentes traduções para a palavra que foi traduzida por etíope neste versículo. A palavra original é *cuxe* e refere-se a um povo que hoje estaria perto do território etíope. Na época desses eventos, eles dominaram o Egito, portanto, temos aqui uma referência ao Egito. Como vemos, o profeta estava focando no Egito, uma nação distante, ao sul, e comunicando que o julgamento também chegaria para eles.

Por fim, Sofonias dirige sua mensagem à nação que detinha o poder hegemônico naqueles dias: "Ele estenderá a mão contra o norte e destruirá a **Assíria**, deixando Nínive totalmente em ruínas, tão seca como o deserto" (2:13). Essa promessa foi cumprida a começar por Nínive, em 612 a.C., que foi totalmente conquistada numa noite. Seguiu-se o cumprimento, e a região de Judá foi cercada em 606 a.C. e as nações à sua volta caíram. A cidade de Jerusalém, embora sitiada em 606 a.C., rendeu-se efetivamente em 586 a.C. Depois de mais ou menos 20 anos, foi a vez do Egito cair. Os babilônios assumiram o poder e espalharam seu domínio por toda a região. Deus já havia profetizado, mediante Sofonias, sobre o juízo divino que cairia sobre todas essas nações, e foi exatamente assim que aconteceu.

QUAL A RAZÃO DO CASTIGO?

O que, então, todos esses povos fizeram que deixou Deus tão indignado? O que o povo de Judá praticava, a ponto de Deus dizer: "Não aguento mais; vou julgá-los"? Em primeiro lugar, o que eles faziam estava relacionado com idolatria. Veja o que o Senhor diz: "Estenderei a mão contra Judá e contra todos os habitantes de Jerusalém. Eliminarei deste lugar o **remanescente de Baal**, os nomes dos oficiantes **idólatras** e dos sacerdotes" (1:4). Dentro do conjunto de deuses do panteão cananita, Baal era um deus importante. O chefe patrono era El, e Baal era conhecido por ser o deus que trazia as chuvas. Eles entendiam o clima da seguinte maneira: quando a estiagem começava, ela era trazida pelo deus Mot, e assim se instalava o tempo de seca, escassez e fome. Na época das chuvas, o deus Baal ocupava sua posição de governo, trazia chuva para aquele povo e, consequentemente, a fertilidade, a produtividade e uma condição econômica melhor. E como as pessoas adoravam a Baal? Mediante a prática de relações sexuais e imoralidade e, eventualmente, com sacrifício de crianças.

A segunda divindade mencionada nesses versículos é Moloque: "aqueles que **no alto dos terraços adoram o exército de estrelas**, que se prostram jurando pelo Senhor, e também por **Moloque**" (1:5). Esse era um deus amorreu, que tinha um corpo humano e cabeça de boi. Apesar de ser um tema bastante discutido, o que dizem é que as pessoas iam diante desse ídolo e, em janelas que eram fornos, lançavam suas crianças e bebês. Eles faziam uma promessa, estabeleciam o seu interesse, pediam a bênção desse deus, e a maneira de conseguir o favor de Moloque era sacrificando suas crianças.

À primeira vista, pode parecer que essas práticas não têm correlatos na nossa sociedade moderna. No entanto, será que a promiscuidade de nossos dias é realmente diferente? Nessa sociedade não é Deus quem define o que é ou não pecado e sim as paixões e os interesses das pessoas. Elas acreditam que, se têm prazer no que estão fazendo, então não há mal algum naquilo; se estão felizes fazendo o que estão fazendo, então está tudo bem. Outro paralelo que pode ser feito é com relação ao sacrifício de crianças. Somos um país com um número absurdamente alto de abortos. As pessoas mantêm a vida como querem, em busca do prazer que querem, porém sacrificam as crianças que geram. Também penso que, em troca de ganhar mais dinheiro ou de ter uma vida econômica melhor, a nossa sociedade tem sacrificado os princípios e os padrões de Deus para a educação de filhos. Os pais preferem deixar os seus filhos e seguir seus próprios caminhos, entregando-os de alguma maneira para serem sacrificados, enquanto se concentram em obter mais dinheiro, mais realização etc. O sacrifício é diferente e não tem um nome próprio de um ídolo, contudo, continua sendo idolatria. Em suma, na mensagem de Sofonias àquele povo, vemos que eles estavam à procura de prazer e prosperidade econômica, sacrificando sua família e seus filhos ao buscar esses objetivos. Hoje, não temos entidades horríveis como naquele tempo, todavia, de certa forma, nossa sociedade tem feito o mesmo.

Mais do que praticar idolatria, aquele povo era, naturalmente, sincretista. As pessoas misturavam em seus princípios de vida algumas coisas ditas por Deus, mas também conceitos dos seguidores de Baal e Moloque, e até outras divindades. Veja o que é dito: "Naquele dia castigarei todos os que **evitam pisar na soleira dos ídolos**, que enchem o templo de seus deuses com violência e engano" (1:9). Para compreender este versículo, temos que voltar à passagem de 1 Samuel 5:1-5, onde é narrada a história de quando os filisteus tomaram do povo de Israel a Arca da Aliança, colocando-a no templo de Dagom:

"Depois que os filisteus tomaram a arca de Deus, eles a levaram de Ebenézer para Asdode e a colocaram dentro do templo de Dagom, ao lado de sua estátua. Quando o povo de Asdode se levantou na madrugada do dia seguinte, lá estava Dagom caído com o rosto em terra, diante da arca do Senhor! Eles levantaram Dagom e o colocaram de volta em seu lugar. Mas, na manhã seguinte, quando se levantaram de madrugada, lá estava Dagom caído com o rosto em terra, diante da arca do SENHOR! Sua cabeça e mãos tinham sido quebradas e estavam sobre a soleira; só o seu corpo ficou no lugar. Por isso, até hoje, os sacerdotes de Dagom e todos os que entram em seu templo, em Asdode, **não pisam na soleira**."

Pela manhã, quando as pessoas entraram, viram que a imagem de Dagom estava debruçada diante da Arca da Aliança. Eles recolocaram a imagem no lugar e, quando voltaram, encontraram-na caída novamente, com sua cabeça e mãos cortadas e jogadas na soleira do altar, onde se pisava. Em consequência dessa experiência, o texto de 1 Samuel nos relata que, a partir daquela época, os sacerdotes de Dagom e o povo não pisaram mais na soleira do altar. Os pagãos e idólatras desenvolveram esse costume, e essa prática, que era deles, acabou alcançando os de Judá. Assim, os sacerdotes, quando iam ao altar, evitavam pisar na soleira pela mesma razão dos outros. Tornou-se um costume baseado numa compreensão pagã.

Lembro-me de, quando eu era garoto, passar às vezes por um bar e ver alguém, depois de pedir uma pinga, derramar uma parte da bebida antes de tomar o resto dizendo que era para o santo. Quando tive a oportunidade de conhecer o Peru, vi a mesma coisa. Ao fazer uma trilha muito perigosa e estreita, entre a lateral de uma montanha e um abismo, um de meus companheiros perguntou ao nosso guia se pessoas morriam ali. A resposta que ouvimos foi a seguinte: "São três oferendas por ano para Pachamama". A ideia é que eles tinham que entregar alguma coisa para a deusa que comanda o Universo, o tempo e os lugares, e eram, justamente, as três pessoas que morrem por ano naquela região. O que era praticado pelo seguimento indígena é reproduzido hoje em dia para todos e, eu imagino, que cristãos também o façam.

A situações como essas Sofonias se referia quando disse que o povo assimilara a mentalidade e as práticas dos idólatras e pagãos. Uma prática que existia entre os filisteus, de não pisar mais nas soleiras, agora era também praticada em Judá. O povo do tempo de Sofonias, ainda que passasse por uma reforma, mantinha uma profunda ligação com todas aquelas religiões ao redor, misturando todos os seus pensamentos e hábitos. A mentalidade deles era semelhante à dos ímpios, dos pagãos e idólatras. Isso é diferente dos nossos dias? O que pauta e determina a cabeça dos cristãos atualmente: são as Escrituras ou é o que a sociedade diz? O que tem mais autoridade: o que o professor fala ou o que as Escrituras dizem? O que o terapeuta fala ou o que as Escrituras dizem? O que o médico fala ou o que as Escrituras dizem?

Outra coisa que estava acontecendo com aquele povo, é que eles não estavam buscando ao Senhor. Observe: "aqueles que se desviam de seguir o Senhor; **não o buscam** nem o consultam" (1:6). Eles confessavam ser o povo de Deus, porém não o buscavam; sequer queriam saber da Sua opinião. Mais adiante, no capítulo 3, Sofonias diz: "Ai da cidade **rebelde, impura e opressora! Não ouve a ninguém, e não aceita correção. Não confia** no Senhor, **não se aproxima** do seu Deus. No meio dela os seus líderes são leões que rugem. Seus juízes são lobos vespertinos que nada deixam para a manhã seguinte. Seus profetas são **irresponsáveis**, são homens **traiçoeiros**. Seus sacerdotes **profanam** o santuário e fazem **violência à lei**" (vv.1-4). Esta era a realidade da nação: não ouvia, não consultava e não se aproximava de Deus. Era rebelde, impura, opressora, insolente e indisciplinada. Existem algumas pesquisas feitas no contexto brasileiro sobre o povo evangélico. Os resultados são escandalosos sobre o quanto o povo de Deus não conhece e não estuda as Escrituras, e não busca ao Senhor, da mesma forma que o povo de Judá. Apesar de serem chamados povo de Deus, estavam distantes do Senhor. Estava acontecendo uma reforma, contudo as ações de Josias não alcançavam o povo da maneira substancial que Deus queria.

Além desses problemas, os quais também vemos acontecer no meio do povo de Deus atualmente, Sofonias também aponta uma dificuldade básica que acontecia tanto em Judá quanto nas nações ao redor. Veja o que é dito sobre a cidade de Nínive: "Essa é a cidade que **exultava, vivendo despreocupada, e dizia para si mesma: 'Eu, e mais ninguém!** Que ruínas sobraram! Uma toca de animais selvagens! Todos os que passam por ela zombam e sacodem os punhos" (2:15). O que caracterizava os ninivitas era a soberba, a arrogância, a autossuficiência e a confiança de que apenas eles se bastavam. Eles acreditavam controlar a própria vida, definindo seus dias e seu futuro. Isso acontecia com Nínive, acontecia em Judá, acontece hoje; e a pandemia está em nosso meio para mostrar o quanto isso é falso. Nós não temos capacidade de garantir a nossa sobrevivência. Eles eram arrogantes, insolentes e tratavam os demais com desprezo, opressão e exploração. No versículo anterior, lemos que eles insultavam e ridicularizavam o povo do Senhor. Ainda que a idolatria da época fosse caracterizada por imagens que hoje são consideradas repugnantes, nós, nos nossos dias, fazemos o mesmo sem as imagens. Não temos mais o ídolo físico, no entanto a idolatria continua em nosso coração.

Eles sacrificavam crianças para buscar as bênçãos, enquanto hoje sacrificam-se crianças pelo bem que querem alcançar. O órgão do governo responsável por receber denúncias do lar diz que, depois que começaram a registrar e atender as declarações, ainda que as acusações de abuso sexual e violência tenham diminuído, aumentaram as denúncias, principalmente pelo crescimento do descaso de pais com os filhos. Em busca do prazer, nossa sociedade tem feito o que quer, inclusive abandonar esposas, maridos e filhos. A mentalidade daquele povo era como a de nosso povo: não era determinada e pautada pelas Escrituras, e sim pautada por conceitos que não têm a ver com os princípios de Deus. O que o professor, o terapeuta ou a lei falam tem sido motivo para que as pessoas levem suas vidas indiferentes às Escrituras. Já que o divórcio é plenamente aceito na sociedade, e totalmente normatizado, achamos que o povo de Deus também tem que ter esse direito. Já que o aborto é aceito pela sociedade, achamos que devemos praticá-lo. Já que o casamento entre pessoas do mesmo gênero é aceito na sociedade, fazemos uma releitura da Bíblia para que isso caiba no texto. Recentemente, por exemplo, uma importante igreja batista declarou a sua aceitação do casamento entre pessoas do mesmo sexo. Para eles, não é mais o que Deus fala, mas o que a sociedade fala.

QUANDO ISSO SE REALIZA?
Nessas passagens, a mensagem de Deus para o povo é que a reforma que eles fizeram não foi suficiente, por essa causa o juízo divino cairia sobre eles. A questão agora é quando esse juízo chegaria. Em parte, isso já aconteceu, uma vez que Sofonias, pensando de uma forma mais ampla, teria profetizado entre 625 e 613 a.C. Nesse período, a Assíria foi destruída em 612 a.C.; Judá teve várias de suas cidades conquistadas por nações vizinhas, como os filisteus a partir do ano 606 a.C.; em 586 a.C., Judá caiu; e em 567 a.C. foi a vez de o Egito cair. Portanto, de alguma maneira, a profecia que Sofonias fez já se cumpriu e faz parte da história.

Entretanto, há uma parte da profecia que ainda está por se cumprir. Veja o que Deus diz: "Por isso, esperem por mim, declara o SENHOR, no dia em que eu me levantar para testemunhar. Decidi **ajuntar as nações, reunir os reinos** e derramar a minha ira sobre eles, toda a minha impetuosa indignação. O **mundo inteiro será consumido pelo fogo da minha zelosa ira**" (3:8). Houve uma manifestação de ira localizada na história, que hoje faz parte do passado, mas há também um julgamento mencionado pelo Senhor pelo qual todas as nações ainda passarão. Dentro do plano de Deus, na perspectiva escatológica, haverá no futuro um tempo de ira e julgamento. Caro leitor, não acredite que o mundo continuará assim para sempre. Não viva e se desenvolva como se não existisse um Deus. Na história bíblica, houve vários julgamentos localizados. Você pode encontrá-los em Gênesis 6, no relato do dilúvio; em Gênesis 11, na torre de Babel; em Gênesis 19, na história de Sodoma e Gomorra; assim como no relato do próprio povo de Deus, observando ações divinas que colocaram assírios, egípcios, babilônios e outros povos como instrumentos do Senhor para executar Seu juízo. Contudo, Deus também fala sobre uma situação futura. Haverá uma hora em que todas as nações responderão pelo mal que fizeram ou fazem!

EXISTE ESPERANÇA PARA NÓS?

AS PROMESSAS

Todos os profetas, sem exceção — e Sofonias também —, têm a visão clara desse Deus que é juiz e santo; que se ira e que dá o Seu julgamento e Sua penalidade para as nações. Porém, todos eles têm igualmente um viés que mostra a intenção de Deus marcada pela bondade, pela misericórdia, pela compaixão e pela graça. Assim, ainda que haja um juízo a ser entregue, há também uma esperança. Veja o que é dito: "Então **purificarei os lábios dos povos**, para que todos eles **invoquem** o nome do Senhor e o **sirvam** de comum acordo. Desde além dos rios da Etiópia os meus **adoradores**, o meu povo disperso, me trará ofertas" (3:9-10). Seja o cantinho do Oriente Médio, que é Israel, ou seja mais ao sul na África, Ele está dizendo aqui que todos os povos serão alvo dessa promessa. Ele continua: "Naquele dia vocês não serão envergonhados pelos seus atos de rebelião, porque **retirarei** desta cidade os que se regozijam em seu orgulho. **Nunca mais vocês serão** altivos no meu santo monte" (3:11). Apesar de o orgulho ser um problema do povo de Deus, aqui Ele diz que os purificará. Todavia, ao iniciar o versículo seguinte com a conjunção "mas", fica claro que esse é um tempo que ainda não chegou: "**Mas** deixarei no meio da cidade..." (v.12). Quando Ele fala do Seu santo monte, que não é marcado pela soberba, está falando de um tempo que ainda não chegou. A nação de Israel está naquele pedaço de terra, porém isso não significa que eles já estão vivendo esse novo tempo.

Nos versículos 12 e 13 o profeta segue descrevendo essa restauração futura: "Mas deixarei na cidade os **mansos** e **humildes**, que **se refugiarão** no nome do Senhor. O remanescente de Israel não cometerá **injustiças**; eles não **mentirão**, nem se achará **engano** em suas bocas. Eles se alimentarão e descansarão, sem que ninguém os amedronte". Eu leio esse texto e, naturalmente, penso nas bem-aventuranças. Bem-aventurados os pobres e os humildes de espíritos, e bem-aventurados os mansos. Sofonias aponta para uma realidade em que essa sociedade será transformada por Deus, e os beneficiados serão os mansos, os humildes, aqueles que dependem do Senhor. São pessoas que, diferentemente do soberbo e orgulhoso, reconhecem a sua incapacidade de agradar a Deus e, portanto, confiam na provisão divina. Esse é o povo que será transformado e não mais cometerá injustiça, mentira ou engano.

PARA QUEM É ISSO?

Por fim, observe o que o profeta diz: "O Senhor, o seu Deus, **está em seu meio**, poderoso para **salvar**. Ele se **regozijará** em você, com o seu **amor** a renovará, ele se **regozijará** em você com brados de **alegria**" (3:17). Em meio a um juízo que aconteceria e, de fato, aconteceu, há também uma promessa de restauração. No entanto, não é qualquer tipo de restauração, de simplesmente juntar as coisas. É fazer com que as pessoas vivam com Deus, vejam o Seu amor se renovando e se regozijem com Ele. E isso ainda não aconteceu totalmente, mas apenas parte do que é necessário para que a promessa se torne uma realidade.

Por decisão do nosso Deus, Ele enviou o Senhor Jesus Cristo, que viveu entre nós, foi reconhecido como Filho de Deus, foi para aquela cruz e lá foi julgado pelos pecados de todos nós. O objetivo é que fôssemos restaurados e reconciliados para vivermos um processo de transformação pela obra de Cristo. Hoje ainda é tempo de parar com a mentira, com o engano, com a idolatria, com o sacrifício dos nossos filhos e com a promiscuidade. Todavia, fazemos isso sabendo que um dia, no futuro, essa obra será consumada pelo próprio Senhor Jesus. Até que isso aconteça, a marca do relacionamento do povo de Deus com Ele é a Sua presença entre nós.

A salvação do Senhor é para nós, com Ele se regozijando, se alegrando conosco e renovando o Seu amor. E nós temos que viver com essa perspectiva. Essas coisas não se consumarão aqui e agora, porém elas são verdadeiras. Não é porque elas não acontecerão agora, que você e eu podemos fazer o que queremos da nossa vida. Se agirmos assim, acabaremos tirando de nós mesmos o privilégio de provar do regozijo, da alegria e do amor de Deus. Em vez disso, passaremos a viver de migalhas e do juízo, da sentença e do castigo do Senhor. Sofonias escreveu para o povo do seu tempo, cuja experiência com Deus não era profunda e ampla o suficiente. O mesmo acontece conosco. Seja você pastor, líder de louvor, comerciante, juiz, ou qualquer outra profissão, entenda que essa é uma mensagem para você. O que Sofonias falou atinge a todos nós. O que está faltando em sua vida? Onde Deus quer ampliar o Seu alcance em você? Deus está atento a todos os detalhes, e você não pode ser indiferente diante dessa situação.

PROFETAS MENORES

חגי

AGEU
O PROFETA QUE CONFRONTOU E ENCORAJOU O POVO

ONDE ESTAVAM NA HISTÓRIA

O décimo profeta menor é Ageu e, para entendermos sua mensagem, precisamos estar a par da cronologia histórica. Isto é, do que estava acontecendo naquele tempo, de quando e onde o profeta apareceu e do que ele representou em seus dias. Já vimos em capítulos anteriores que, em 606 a.C., Nabucodonosor, que ainda não era o rei da Babilônia, conquistou algumas das cidades de Judá, o Reino do Sul. Nessa ocasião, ele sitiou Jerusalém, o que durou vinte anos e, em 586 a.C., a cidade foi conquistada. Depois que a Babilônia dominou Jerusalém, no ano 539 a.C., Ciro inaugurou um novo império, o Medo-persa, que, por sua vez, conquistou a Babilônia. A nova orientação política de Ciro se diferenciava da política babilônica. Os babilônicos, ao conquistarem seus adversários, levavam parte da elite destes povos para o centro do poder, isto é, para a Babilônia. Ciro, porém, estabelecia os povos conquistados em seus próprios lugares, com seus reis vassalos, que pagavam os impostos devidos para o novo império dominante.

Seguindo essa política, no ano 538 a.C., Ciro decretou a reconstrução do templo em Jerusalém. Veja o que é dito no livro de Esdras: "Assim diz Ciro, rei da Pérsia: **O Senhor, Deus dos céus**, me deu todos os reinos da terra **e me encarregou de lhe edificar uma casa em Jerusalém de Judá**" (Ed 1:2). Enquanto, por um lado, os babilônios haviam destruído o Templo sem deixar pedra sobre pedra, por outro, Ciro se reconheceu alguém que estava sob a ordem de Deus e que, por isso, o Templo deveria ser reconstruído. As intenções de Ciro em reconstruir o Templo não eram as melhores. O seu objetivo não era de beneficiar Jerusalém, e sim recolher mais impostos, uma vez que, na política e no modo dos medo-persas governarem, os Templos eram os lugares de recolhimento de impostos. O que ele, efetivamente, queria é que os impostos fossem recolhidos com sucesso para que o seu reino tivesse a sua parte. No entanto, Deus tinha o propósito e a decisão de reconstruir o Templo de Jerusalém, por isso influenciou Ciro a fazer a vontade divina, mesmo que esse imperador desconhecesse que estava sendo influenciado e convocado para um determinado serviço para Deus (Pv 21:1).

Em função do decreto de Ciro, em 537 a.C., Sesbazar e Zorobabel lideraram uma leva de 49.897 pessoas que retornaram da Babilônia para Jerusalém. Em Jerusalém, no ano 536 a.C., eles iniciaram as obras lançando os alicerces do Templo. Todavia, assim que começaram, encontraram assédio e oposição dos povos vizinhos. Lembremos que antes de Judá cair ante os babilônios, no ano 586 a.C., a nação irmã ao Norte, que era Israel, já havia caído em 722 a.C. para o Império Assírio. Como a política da Assíria, ao conquistar suas cidades, era alocar os povos conquistados em lugares diferentes, parte do povo de Israel foi levado para outras nações, ao mesmo tempo em que outras nações foram trazidas para o território anteriormente de Israel. O resultado disso foi a miscigenação dos povos e o desenvolvimento de uma religiosidade sincretizada, ou seja, eles tinham elementos da fé judaica, tal como descrito nas Escrituras, mas também elementos que haviam sido adotados de outras religiões pagãs. Aqueles que já estavam na terra opuseram-se à reconstrução do Templo e dos muros de Jerusalém e, por isso, iniciaram uma campanha desfavorável. Eles até conseguiram obter alguma proibição de construir na cidade, porém não houve proibição para a construção do Templo. Contudo, mesmo podendo continuar, por desânimo e medo do que a oposição dos povos vizinhos e as autoridades do império poderiam fazer, o povo de Jerusalém negligenciou a reconstrução do templo de 536 a 520 a.C.

ONDE APARECEU AGEU

Em 522 ou 521 a.C., Dario assumiu o poder do Império Medo-persa e suas políticas eram bem favoráveis à reconstrução de Jerusalém e seu Templo. Foi nesse contexto que o profeta Ageu apareceu e escreveu: "No primeiro dia do sexto mês do segundo ano do reinado de Dario, a palavra do SENHOR veio por meio do profeta Ageu ao governador de Judá, Zorobabel, filho de Sealtiel, e ao sumo sacerdote Josué, filho de Jeozadaque, dizendo..." (1:1). O livro de Ageu está muito bem situado e identificado no ambiente da história, pois ele mostra exatamente quando tudo aconteceu. Se atualizarmos para nosso calendário, a data é 29 de agosto de 520 a.C. e, a partir dessa data, ele dá cinco mensagens, algumas inclusive no mesmo dia, concluindo sua série de mensagens em 18 de dezembro do mesmo ano. Ageu, portanto, em quatro meses, escreveu o seu livro e entregou as suas mensagens e profecias. A razão pela qual o profeta entregou estas mensagens era porque os judeus, que inicialmente estavam com medo de reconstruir o Templo, tinham chegado à condição de frieza e indiferença. Reconstruir ou não o Templo deixou de ser importante, e eles tinham suas justificativas para isso.

Ageu era um homem cujo nome significa "festa", pois ele teria nascido numa das festas comemorativas do povo. É muito provável que ele já fosse um homem idoso quando profetizou, tendo perto de 80 anos. Quando Ageu aparece associado a outros profetas, como por exemplo Zacarias, o seu nome é citado na frente, e isso é um indício de que ele era mais velho. Por algumas evidências dentro do seu livro, é bem provável que ele tivesse saído de Jerusalém quando ela foi conquistada, em 586 a.C., retornando na ocasião de sua escrita com a cidade já totalmente destruída.

Estabelecido o ambiente histórico, meu propósito neste capítulo é desenvolver as principais lições apresentadas no livro de Ageu, divididas em três blocos. A primeira é que o ser humano não muda, independentemente de alcançar um nível maior de civilização, de desenvolver tecnologia, ou de ser mais poderoso e educado. Os problemas com os quais Ageu lidou no passado são os mesmos problemas que temos hoje. Em segundo lugar, destaco que passados praticamente 2.500 anos desde que essas profecias foram dadas, percebe-se que a Palavra de Deus continua atualizada e válida. Por fim, em terceiro lugar, quero ressaltar que não somos nós que acrescentamos algo a Deus; antes, é Ele quem abençoa. As palavras de Ageu são para nós ainda hoje.

PRIMEIRA MENSAGEM: CONFRONTO AO PROCEDIMENTO DO POVO

O PROBLEMA ABORDADO

A primeira mensagem que Ageu entrega é um confronto que se estabelece por causa do procedimento do povo. Logo no início do livro, ele diz: "Assim diz o Senhor dos Exércitos: Este povo afirma: **Ainda não chegou o tempo de reconstruir a casa do Senhor**" (1:2). A casa do Senhor, como vimos, havia sido destruída quase 50 anos antes, por ocasião da invasão babilônica, não ficando nenhuma pedra em pé. Mesmo assim, tendo passados tantos anos, eles tinham seus motivos e continuavam dizendo que ainda não era o tempo da reconstrução. Quando o profeta argumenta, o texto nos diz que "a palavra do Senhor veio **novamente** por meio do profeta Ageu" (1:3). A utilização da palavra "novamente" indica que já tinha tempo que eles insistiam que não havia chegado o momento de reconstruir a casa do Senhor. Era uma tônica deles. O tempo de fazer a obra que Deus havia determinado era entendido como futuro e não como presente.

Por causa dessas desculpas e justificativas Ageu entrega esta sua mensagem: "Acaso é tempo de **vocês morarem em casas de fino acabamento**, enquanto a minha casa continua destruída?" (1:4). Casas de fino acabamento podem também ser traduzidas por casas apaineladas, para aqueles que são mais antigos e preferem traduções mais antigas e literais. O profeta refere-se aqui a casas refinadas o suficiente para terem painéis artísticos de cedro ou, em tempos posteriores, quadros com as pinturas da época. No tempo do Senhor Jesus Cristo, por exemplo, os palácios construídos por Herodes tinham painéis assim pintados. A ideia transmitida aqui é que o mesmo povo que dizia não ser o tempo de reconstruir o Templo do Senhor estava construindo para si mesmo casas fantásticas e luxuosas.

Por isso, Ageu acrescenta: "Agora, assim diz o Senhor dos Exércitos: Vejam aonde os seus caminhos os levaram" (1:5). O povo não estava preocupado com a agenda, prioridades e interesses de Deus. Eles tinham sua própria agenda e seus próprios caminhos. O profeta escreve para um povo que, ao mesmo tempo em que se preocupava em demasia com o seu próprio bem-estar, estava negligenciando a Deus. Sua afirmação "ainda não é tempo" revela que eles postergavam ao máximo a orientação de Deus, uma vez que estavam preocupados consigo mesmos. Ter um Templo, que fosse o centro onde o povo poderia se reunir para adorar a Deus, não era importante. Ter um Templo onde pudessem estudar e aprender a Palavra de Deus, não era importante. Ter um lugar onde eles poderiam se encontrar, encorajar, edificar e exortar uns aos outros para andar no caminho do Senhor, não era importante. A oportunidade de eles se reunirem como povo de Deus, e servirem conforme as necessidades e edificação da fé, não era importante.

E para nós hoje, essas ações são importantes? Por vezes ouço de cristãos que ficam em casa para dormir no domingo cedo, em vez de participarem do estudo da Palavra, argumentando que precisam descansar quando, na verdade, o programa do sábado à noite entrou madrugada a dentro. A questão do descanso acaba sendo somente uma justificativa. É muito fácil reproduzirmos a mesma atitude do povo dos dias de Ageu, priorizando nosso descanso, nosso lazer de sábado, nosso jogo de futebol, entre outros. O que é importante para você no que tange ao que você faz com os recursos que Deus lhe tem dado? Você pensa apenas no seu bem-estar, nos painéis da sua casa, na troca do seu carro, na economia para que seu filho possa estudar no futuro? Ou também faz parte da sua rotina investir no reino e nos interesses de Deus? Pare e reflita se você vai à igreja apenas para consumir o que é seu de direito, ou se você tem se esforçado para se reunir com o povo de Deus. Pense no quanto você tem procurado oportunidades para servir, para socorrer algum necessitado, ou para encorajar e orar por outras pessoas.

RESULTADOS COLHIDOS

A história dos nossos dias não é diferente da de Judá naquela época, e é por isso que Ageu entrega essa mensagem. Ele chama a atenção do povo que não está desfrutando das bênçãos de Deus, justamente por fazer pouco caso do Senhor e colocá-lo em segundo plano. Observe o texto: "Vocês têm plantado muito, e **colhido pouco**. Vocês comem, mas **não se fartam**. Bebem, mas **não se satisfazem**. Vestem-se, mas não se aquecem. Aquele que recebe salário, recebe-o para colocá-lo numa **bolsa furada**" (1:6). Você já teve a sensação de que, por mais que trabalhe, não obtém os resultados esperados e o seu trabalho não rende? Ou que você come, mas não se satisfaz; veste-se, mas não se sente aquecido; e o seu dinheiro nunca parece ser suficiente? Apesar de tudo o que aquelas pessoas faziam, nunca parecia ser o bastante, e Ageu justifica isso dizendo: "Assim diz o Senhor dos Exércitos: Vejam aonde **os seus caminhos os levaram!**" (1:7). A situação e as percepções daquele povo eram o resultado de sua negligência com Deus. A vida que levavam resultou em provar da ausência da bondosa mão de Deus e da presença da mão pesada de Deus, afetando assim o seu cotidiano.

O profeta continua dizendo: "'Vocês esperavam muito, mas, para surpresa de vocês, **acabou sendo pouco**. E o que vocês trouxeram para casa eu **dissipei com um sopro**. E por que fiz isso?', pergunta o Senhor dos Exércitos. 'Por causa do meu templo, que ainda está destruído, enquanto cada um de vocês **se ocupa com** a sua própria casa'" (v.9). Pelo fato de eles não estarem preocupados com os propósitos e interesses do Senhor, Ele agiu para dissipar tudo o que haviam conquistado, e nos versículos seguintes Deus explica como: "Por isso, por causa de vocês, o céu **reteve o orvalho** e a terra **deixou de dar o seu fruto**. Provoquei uma seca nos campos e nos montes, que **atingiu** o trigo, o vinho, o azeite e tudo mais que a terra produz, e também os homens e o gado. O trabalho das mãos de vocês foi **prejudicado**" (vv.10-11). Em uma terra como aquela, que é árida e seca e onde chove tão pouco, quando aumenta a escassez de chuva, o impacto na agricultura e pecuária é trágico e instala uma crise. Se a terra não recebia o orvalho, deixava de dar o seu fruto, e isso era a mão de Deus em ação. O povo invertera os propósitos e prioridades, passando a fazer o que queriam, como queriam, quando queriam e para satisfazerem a si mesmos em detrimento do que Deus determinara. O Senhor, então, lhes mostra que, quando você coloca Deus no plano secundário, Ele coloca você no plano B dele. Quando Deus não faz parte das suas prioridades, você também deixa de ser prioridade da bondade de Deus. O resultado é uma vida de decepção, frustração e infrutuosidade.

PALAVRA DADA, VIDA MUDADA

Quando Deus nos coloca em segundo plano, por causa da nossa inversão de valores, esse plano não gera bênção, alegria ou satisfação e, consequentemente, também não leva à gratidão. Quando Ageu confrontou o seu povo, ele o fez como um agente de Deus, determinando que eles mudassem: "…**Subam** o monte para **trazer madeira. Construam** o templo, para que **eu me alegre** e nele seja glorificado, diz o Senhor" (1:8). Estava na hora de eles colocarem em prática tudo o que o profeta estava pregando. Eles precisavam subir no monte, cortar as árvores, trazer a madeira e construir o Templo, pois Deus se alegraria nisso. Na medida em que eles fizessem o que o Senhor ordenava, eles voltariam para o primeiro plano de Deus. No entanto, a atitude deles era contrária à mensagem do profeta. O problema daquele povo era o pouco caso, a negligência e o descaso com o que Deus queria. Eles achavam que ainda não era o tempo de priorizar a vontade e ordenança do Senhor. É como hoje, muitas vezes, pessoas dizendo que um dia, no futuro, oferecerão sua casa para um grupo de estudo. Ou que um dia, quando ganharem mais dinheiro, contribuirão para o reino de Deus. Não se engane, o momento é agora. É isso que alegra a Deus.

A palavra de Ageu caiu neles como uma luva e, pelo que percebemos na sequência, o povo obedeceu e temeu ao Senhor: "Zorobabel, filho de Sealtiel, o sumo sacerdote Josué, filho de Jeozadaque, e todo o restante do povo **obedeceram** à voz do Senhor, o seu Deus, por causa das palavras do profeta Ageu, a quem o Senhor, o seu Deus, enviara. E o povo temeu ao Senhor" (1:12). Houve uma boa reação diante da mensagem ouvida. Ela foi acolhida e eles passaram a levar Deus a sério e a obedecer ao que fora ordenado. Lembre-se de que, quando você foi salvo, não foi para, prioritariamente, você servir-se de Deus, e sim para você servir a Deus. Quando você passa a usar de Deus para se servir dele, você perde o melhor que Ele quer lhe dar. Era isso que acontecia nos dias de Ageu, e é isso que acontece nos nossos dias, na vida da Igreja. O povo está mais preocupado consigo mesmo do que com os interesses de Deus. O Senhor Jesus foi claro em dizer: "Busquem, pois, em primeiro lugar o Reino de Deus e a sua justiça, e todas essas coisas lhes serão acrescentadas" (Mt 6:33). Ao se buscar primeiramente a Deus, Ele cuida do Seu povo.

SEGUNDA E TERCEIRA MENSAGENS: ENCORAJAMENTO DO POVO

PALAVRA DE ENCORAJAMENTO

A segunda mensagem de Ageu é a de encorajamento. Uma coisa é ouvir o que tem que ser feito, e outra coisa é fazer. As pessoas podem ouvir mensagens, seja diretamente de Deus, de um profeta, de um pastor, de seus pais ou de quem for. Mas, e quanto a fazer o que é dito? Será que conseguem fazê-lo? Entre saber o que tem que ser feito e, efetivamente, fazer, pode existir uma grande distância. A bem da verdade, com a natureza pecaminosa que ainda está em nós, temos que reconhecer que é difícil obedecer a Deus. Você pode, por exemplo, saber claramente o que as Escrituras falam contra maledicência e fofoca. Contudo, pode também provar o quão difícil é cumprir essa ordem. É fácil comentar com outras pessoas o que alguém fez de errado. Digamos que alguém vem conversar com você e, pela maneira como ela inicia a conversa, você logo percebe que é fofoca. Nessas circunstâncias, é difícil reagir com: "Por favor, pare, eu não quero ouvir sobre a vida de outro". Praticar o que Deus requer de nós não é tão simples. Além de nossa tendência pecaminosa, o mundo todo está caminhando oposto à orientação de Deus e é difícil andar no fluxo contrário ao da multidão. É por vivermos nessa tensão que, além da informação, do encaminhamento e de saber o que temos que fazer, precisamos ser estimulados a viver dentro do plano de Deus.

Observe estes versículos: "Então Ageu, o mensageiro do Senhor, trouxe esta mensagem do Senhor para o povo: '**Eu estou com vocês**, declara o Senhor'" (1:13). Vinte e três dias haviam se passado entre a primeira e a segunda mensagem, que chegou no dia 21 de setembro. Na primeira, Ageu lhes disse o que eles tinham que fazer e agora, ele lhes diz que Deus está com eles. Quando entendemos o que Deus quer que façamos, não estamos sozinhos. Na tarefa de fazer o que é melhor para nós, que é obedecer a Deus, Ele promete que estará conosco. Se você quer seguir o seu próprio caminho, contrariando a determinação de Deus, você seguirá sozinho. Todavia, se você quiser seguir o caminho do Senhor, Ele promete que estará com você. Veja que Ageu complementa: "Assim o Senhor encorajou o governador de Judá, Zorobabel, filho de Sealtiel, o sumo sacerdote Josué, filho de Jeozadaque, e todo o restante do povo, de modo que eles começaram a trabalhar no templo do Senhor dos Exércitos, o seu Deus" (v.14). Uma vez que eles ouviram as palavras de ânimo e encorajamento de Deus, eles começaram a trabalhar, a subir no monte, a cortar as árvores, a trazer a madeira e a reconstruir o templo. A mensagem de Deus chegou agora para eles não mais dizendo o que eles tinham que fazer, pois isto eles já sabiam, mas com um teor de encorajamento.

UM NOVO ENCORAJAMENTO

Essa palavra encorajadora foi também repetida em outra ocasião. Veja o que é dito: "Quem de vocês viu este templo em seu primeiro esplendor? **Comparado com ele, não é como nada o que vocês veem agora?**" (2:3). Entre a conquista de Jerusalém pelos babilônios, até este evento, passaram-se 50 anos. Algumas pessoas do tempo de Ageu, inclusive ele, puderam ver a magnitude da obra de Salomão, tanto na cidade quanto no Templo, e essa nova obra jamais teria tanta beleza e glória. Eles estavam no meio de uma reconstrução que seria muito inferior ao que viram antes, daí a razão de ele perguntar: "Comparado com ele, não é como nada o que vocês vêm agora?". De alguma maneira, o povo estava desestimulado pelas condições nas quais eles tinham de reconstruir o Templo. Eles sabiam que não poderiam passar nem perto da glória do Templo que Salomão construíra com as riquezas que tinha. Entretanto, apesar de estarem fazendo algo que parecia ser pequeno ou inferior, veja o que diz Ageu: "'**Coragem**, Zorobabel, declara o Senhor. **Coragem**, sumo sacerdote Josué, filho de Jeozadaque. **Coragem! Ao trabalho**, ó povo da terra!', declara o Senhor. 'Porque eu **estou com vocês**', declara o Senhor dos Exércitos" (2.4). Deus estava estimulando aquele povo, dando-lhes ânimo e coragem. Eles podiam estar desanimados por causa da crise e de toda a situação pela qual estavam passando, sabendo que não seria mais como antigamente, porém isto não era motivo para colocarem em segundo plano o propósito de Deus.

Ageu ainda reforça, no versículo 5: "Esta é a **aliança** que fiz com vocês quando vocês saíram do Egito: Meu **espírito está entre vocês. Não tenham medo**". Efetivamente, aquilo que eles construiriam não passaria perto da glória do que Salomão construíra, entretanto, Deus os encoraja com a promessa de que Sua própria glória e presença estariam com eles. Esteja você numa casa simples ou numa mansão, saiba que o que faz a diferença é você estar, de fato, com o Senhor. Não é a casa ou a sua glória humana que pesam, e sim a presença e a glória de Deus. Não importava se aquela obra, em termos arquitetônicos, não tinha a mesma expressão que a anterior. Não importava se, naquele tempo, eles podiam ou não se vestir nos mesmos padrões do que seus antepassados. O que realmente interessava e valia a pena era, e ainda é, a presença de Deus. Por essa razão, Deus insiste com o Seu povo para que tenham coragem e mantenham o foco nos Seus propósitos; para que cumpram e obedeçam ao que foi ordenado; para que priorizem o que deve ser priorizado; e se dediquem ao que deve ser dedicado. Não com o foco neles mesmos, mas na instrução do Senhor.

Então, nos versículos seguintes, o profeta faz o seguinte anúncio: "Assim diz o Senhor dos Exércitos: Dentro de pouco tempo farei tremer o céu, a terra, o mar e o continente. Farei tremer todas as nações, que trarão para cá os seus tesouros, e encherei este templo de glória, diz o Senhor dos Exércitos. Tanto a prata quanto o ouro me pertencem, declara o Senhor dos Exércitos. A glória deste novo templo será maior do que a do antigo, diz o Senhor dos Exércitos. E neste lugar estabelecerei a paz, declara o Senhor dos Exércitos" (vv.6-9).

Eu não creio que as profecias desses últimos versículos estavam relacionadas diretamente àquilo que aconteceria nos dias de Ageu. Também não creio que essa profecia contemplava o que aconteceria com a construção do magnífico Templo que Herodes construiu e que estava de pé nos dias de Jesus. Grande parte dessas profecias não se cumpriram naqueles tempos. A meu ver, Ageu estava aqui anunciando algo ainda por vir. É uma profecia de que o Senhor ainda virá, voltará, estabelecerá ali um reino e comandará daquele lugar. E a sua mensagem era para que eles não se impressionassem ou se abatessem com a realidade que estavam vivendo, pois Deus já havia estabelecido um pacto, uma aliança com eles, e não falharia. O povo de Deus deveria continuar firme, mantendo-se no caminho do Senhor, ouvindo o que Ele fala e obedecendo ao que Ele ordena. Nossa agenda tem que ser a agenda de Deus, e o nosso orçamento o Seu orçamento. Assim, na medida em que o seguirmos e honrarmos, o Senhor estará presente, cuidando de cada um de nós e fazendo a diferença tanto no nosso presente, quanto no nosso futuro.

QUARTA E QUINTA MENSAGENS: PROMESSA DE BÊNÇÃO

A PARTIR DE HOJE...

O último bloco de mensagens que quero destacar refere-se a uma promessa de bênção entregue por Ageu. Consideremos, primeiramente, algumas perguntas que Deus fez para o povo: "Se alguém levar carne consagrada na borda de suas vestes, e com ela tocar num pão, ou em algo cozido, ou em vinho, ou em azeite ou em qualquer comida, isso ficará consagrado? Os sacerdotes responderam: Não. Em seguida perguntou Ageu: Se alguém ficar impuro por tocar num cadáver e depois tocar em alguma dessas coisas, ela ficará impura? Sim, responderam os sacerdotes, ficará impura" (v.12). Ageu estava mostrando àquele povo que, independentemente da sua intenção, eles não tinham o poder de purificar ou melhorar as coisas de Deus. Muito pelo contrário, o máximo que eles poderiam fazer é contaminá-las.

Precisamos entender que nós nunca acrescentaremos nada para Deus. Não é a sua oração que trará mais do poder de Deus. O poder de Deus é um fato, uma realidade, e não é você que torna Deus mais ou menos poderoso. Não é a sua oração que fará com que Deus faça isso e aquilo, pelo simples fato de você estar dizendo, daqui de baixo, o que Ele tem que fazer do Seu trono celestial. Não é você quem colocará em Deus a condição de ser mais Senhor do que Ele efetivamente é, ou que acrescentará algo à santidade ou à glória divina. Definitivamente, não temos poder de acrescentar nada para o Senhor. Entretanto, enquanto somos absolutamente impotentes diante desse Deus, Ele sim pode fazer diferença em nossa vida.

Por isso, Ageu diz para o povo: "Agora prestem atenção" (v.15). Poucas vezes, mas em estratégicas situações, Deus fala para prestarmos atenção. Sendo nós humanos, limitados e falhos, e sendo Deus quem é, já convém prestarmos atenção no que Ele fala. Porém, quando Ele enfatiza para prestarmos atenção, é algo que não podemos perder de vista. Observe o restante do versículo 15: "Agora prestem atenção: de hoje em diante reconsiderem. **Como eram as coisas antes** que se colocasse pedra sobre pedra no templo do Senhor?". Há uma ênfase aqui na maneira como as coisas eram no passado, e Ageu passa a descrever o que acontecia antes da reconstrução: "Quando alguém chegava a um monte de trigo procurando vinte medidas, havia apenas dez. Quando alguém ia ao depósito de vinho para tirar cinquenta medidas, só encontrava vinte. Eu destruí todo o trabalho das mãos de vocês, com mofo, ferrugem e granizo, mas vocês não se voltaram para mim, declara o Senhor" (v.16).

Deus está fazendo-os lembrar da insatisfação que sentiam quando viviam fora do plano e da agenda de Deus. E, uma vez que o povo estava começando a obedecer, Ageu lhes pede novamente que reconsiderem: "A **partir de hoje**, dia vinte e quatro do nono mês, atentem para o dia em que os fundamentos do templo do Senhor foram lançados. **Reconsiderem**: Ainda há alguma semente no celeiro? Até hoje a videira, a figueira, a romeira e a oliveira não têm dado fruto. **Mas, de hoje em diante, abençoarei vocês**" (vv.18-19). O que, então, eles deveriam reconsiderar? Que se eles obedecessem e levassem Deus a sério, cumprindo sua parte, a partir daquele dia eles seriam abençoados pelo Senhor. Ao invés de seca, eles teriam chuva e o orvalho. Ao invés de trabalharem muito e produzirem pouco, o trabalho deles traria renda. Ao invés da terra produzir pouco, ela seria farta. Isso é parte de andar com Deus. Não significa, necessariamente, que você enriquecerá ou que não ficará enfermo. Contudo, à medida em que você ajusta sua agenda com a agenda de Deus, suas prioridades com as prioridades de Deus e seu orçamento com o orçamento de Deus, Ele abençoará você.

Certa vez, eu estava sentado com alguém que me disse: "A minha experiência nesses últimos anos tem sido ver o que Deus tem feito por mim. Vejo a bênção de Deus se manifestar e mudar a minha realidade e me fazer crescer em vários aspectos da vida". Então, eu perguntei: "O que foi que você fez para que fosse assim?". Quando nós decidimos buscar a

Deus, louvar a Deus, servir a Deus e colocar em nossa agenda o programa de Deus, Ele nos dá habilidades. Além disso, Deus também nos capacita a usá-las e provê a oportunidade para isso. Essa era a mensagem de Deus para aquele povo, e essa é a mensagem dele para nós. Ele quer abençoar o Seu povo e mudar a sua triste história.

NUM FUTURO DISTANTE

Logo em seguida, Ageu dá outro recado: "Diga a Zorobabel, governador de Judá, que eu **farei tremer o céu e a terra. Derrubarei tronos e destruirei o poder dos reinos estrangeiros**. Virarei os carros e os seus condutores; os cavalos e os seus cavaleiros cairão, cada um pela espada do seu companheiro. Naquele dia, declara o Senhor dos Exércitos, eu o tomarei, meu servo Zorobabel, filho de Sealtiel, declara o Senhor, e **farei de você um anel de selar**, porque o tenho escolhido, declara o Senhor dos Exércitos" (vv.21-23). Esses versículos tratam de algo que não aconteceu nem nos dias de Ageu, nem nos dias depois de Ageu, e que ainda não aconteceu hoje. Mais uma vez, eu creio que o profeta está falando sobre o reino do Senhor Jesus Cristo, quando Ele retornar em toda a Sua glória.

O nome Zorobabel significa "gerado em Babilônia". Ele é um daqueles que nasceu fora da sua terra e voltou posteriormente. Apesar de ele ter um papel de governo naquela nação, ele somente é uma figura de alguém que ainda aparecerá no futuro; a promessa de que essa história terá fim. Zorobabel era um descendente de Davi e, portanto, era da nobreza, parte da linhagem do Messias que haveria de vir para estabelecer o Seu reino. Jesus veio, morreu na cruz e pagou os nossos pecados para nos purificar do que somos incapazes de fazer por nós mesmos. Aqui, porém, Ageu aponta que o Senhor Jesus Cristo reinará, colocará as nações em ordem e dará um fim na história humana tal como você e eu conhecemos.

Nós não levaremos nada dessa vida, exceto aquilo que foi vivido com a perspectiva da eternidade e a serviço do Deus eterno. Você não levará seu carro ou a sua casa com painéis, mas sim os recursos que você emprega no serviço a Deus, no reino de Deus, e é isso o que conta com valor eterno. O que você construir para essa vida fica nessa vida; o que você construir com a perspectiva no Deus eterno, tem valor eterno e durará pela eternidade. Deus faz a promessa de, no presente, estar presente e abençoar, assim como faz a promessa de que, no futuro, Ele há de consumar o Seu plano e a história será concluída por Sua mão.

PONHA DEUS NO SEU DEVIDO LUGAR

O livro de Ageu começa com a compreensão que o povo tinha Deus inviabilizando os planos deles, frustrando seus propósitos e dissipando suas economias. E ele termina com a promessa de bênção do Senhor para o povo que o leva a sério e o obedece. E você querido leitor, o que você quer? O profeta alerta que quando você vive de acordo com seus interesses, suas vontades, seus desejos e seus luxos, você não chegará aonde quer. Você precisa priorizar em sua vida os interesses, a agenda e os propósitos de Deus. Quem leva uma vida concentrada em si mesmo, acaba se perdendo. Você tem que investir na obra do Senhor. Você tem que investir na comunhão, no cuidado, no encorajamento e no aperfeiçoamento da vida dos irmãos. Você tem que investir, efetivamente, na Igreja de Deus, o templo do Senhor, para que esse povo reproduza o caráter de Deus. Você tem que investir em buscar pessoas com a mensagem do evangelho, para que elas componham esse templo em que Deus habita. O que você está fazendo com a sua vida? Quero encorajá-lo a subir o monte, cortar a árvore e trazer a madeira para reconstruir o templo.

Recentemente assisti uma entrevista de uma norte-coreana que sofre o risco de perder a sua vida por causa do testemunho do Senhor Jesus Cristo. Quando alguém lhe perguntou se ela orava para ser liberta desse sistema, sua resposta foi: "Não! Não oramos para sermos libertos desse sistema; oramos para termos ousadia de compartilhar o evangelho do Senhor Jesus Cristo. Não queremos ser libertos do sistema para viver como o ocidente que vive atrás de consumir, consumir, consumir. Não queremos isso para nós. Queremos cumprir com o propósito de Deus". Essa é uma história que se repete. Décadas atrás, os cristãos fugiam da União Soviética para ter liberdade no ocidente. Passado um ano, porém, vários deles quiseram voltar para a União Soviética, pois diziam que preferiam ver os seus filhos sendo mortos por causa da sua fé, do que ver a fé deles morta por causa do consumismo. Onde você está? Veja, preste atenção, reconsidere, aja e prove da bênção do Senhor.

PROFETAS MENORES

זכריה

ZACARIAS
O PROFETA QUE LEMBROU O POVO

CONTEMPORÂNEO DE AGEU

"No oitavo mês do segundo ano do reinado de Dario, a **palavra do Senhor veio ao profeta Zacarias**, filho de Berequias e neto de Ido" (1:1). No capítulo anterior, estudamos sobre Ageu, que profetizou em Jerusalém em 520 a.C., depois que o povo voltara da Babilônia. O povo tinha a tarefa de reconstruir o muro e o Templo, entretanto, inicialmente, por causa de oposição, eles não reconstruíram nem o Templo e nem a cidade. Posteriormente, quando já tinham autorização firme para a reconstrução, eles continuaram sem fazê-lo, com a nova justificativa de que não era a hora. Em vez disso, eles estavam construindo suas próprias casas, bem luxuosas, atentando aos seus desejos e conforto em vez de se atentarem às ordens e agenda de Deus.

Consideramos também a possibilidade de Ageu já ser um homem idoso, talvez com 80 anos, que, provavelmente, viu Jerusalém antes de ela ser conquistada pelos babilônios. Dois meses depois que Ageu começou a pregar, esse homem, Zacarias, também começou. Zacarias, pelo que lemos no texto, era um jovem, pois no capítulo dois é dito, referindo-se a Zacarias: "e lhe disse: 'corre e diga àquele **jovem**…'" (2:4). Temos aqui então um jovem profeta que está, praticamente, pegando o bastão das mãos de Ageu e dando continuidade na função profética. E o fato de Ageu já ser um homem idoso, justifica o porquê do seu nome sempre estar primeiro quando o nome dos dois aparece.

O livro de Zacarias é visto entre os Profetas Menores como o mais longo, o mais complexo e o mais misterioso. Definitivamente, é o livro de mais difícil interpretação no Antigo Testamento. Todavia, ele traz uma mensagem que foi entregue nas mesmas circunstâncias, no mesmo tempo e ao mesmo público de Ageu: um povo que estava desatento às coisas de Deus. Como consequência de sua insistente e recorrente desobediência, aquele povo acabou cumprindo o último nível de disciplina como nação, que foi ser invadido, conquistado e levado embora. Eles ficaram praticamente 70 anos fora da sua terra e, agora, haviam acabado de chegar do exílio. É nesse contexto que o profeta Zacarias aparece para entregar sua mensagem.

PRIMEIRA MENSAGEM: UM ALERTA PARA NÃO INCORREREM NOS MESMOS ERROS

No livro de Zacarias, há uma divisão entre visões, palavras e advertências. Até o capítulo 6 aparecem oito visões; nos capítulos 7 e 8 temos quatro palavras; e do capítulo 9 ao 14 encontramos duas advertências. Se somarmos as advertências, palavras e visões, podemos sintetizar em três as mensagens que Zacarias entregou àquele povo e que servem para nós, hoje. Vejamos, então, quais são elas.

A primeira mensagem é que eles deveriam se lembrar do que havia acontecido antes, para não cometerem os mesmos erros. É interessante que o nome Zacarias significa "Jeová se lembra", e a primeira mensagem que ele entrega é justamente uma ação de fazer as pessoas lembrarem de algo. Mas do que, afinal, eles deveriam se lembrar? Observe: "O Senhor muito **se irou contra os seus antepassados**" (1:2). A mensagem começa lembrando-os de que no passado, com seus precursores, houve manifestação da ira de Deus sobre seus ancestrais. O texto continua dizendo: "**Não sejam como os seus antepassados** aos quais os antigos profetas proclamaram: Assim diz o Senhor dos Exércitos: **Deixem os seus caminhos** e as suas más obras. **Mas eles não me ouviram nem me deram atenção**, declara o Senhor" (1:4). Deus estava relembrando-os de que foi a má conduta de seus antepassados, fora dos padrões determinados por Deus, que acabara por levá-los ao exílio. Eles foram alertados por Deus para que deixassem o seu mau caminho e suas más obras, porém não ouviram e não deram atenção. Por isso o profeta pergunta: "Onde estão agora os seus antepassados? E os profetas, acaso vivem eles para sempre?" (1:5). E, logo em seguida, diz: "Mas as minhas palavras e os meus decretos, que ordenei aos meus servos, os profetas, alcançaram os seus antepassados e os levaram a converter-se e a dizer: 'O Senhor dos Exércitos **fez conosco o que os nossos caminhos e práticas mereciam, conforme prometeu**'" (1.6).

Zacarias relembra o povo que a calamidade que alcançou seus antepassados, isto é, a tragédia que os abateu levando-os cativos para a Babilônia, não era um simples fato isolado, tampouco um simples desenrolar da história. Ela tinha a mão de Deus pesando sobre eles, visto que insistiram em desobedecer e não dar atenção a Deus. A derrota para a Babilônia e o exílio que se seguiu tinham um motivo: a desobediência. Era bom para aquela geração ouvir e olhar a história para entender as consequências amargas de se andar fora dos padrões do Senhor.

O apóstolo Paulo adverte semelhantemente, ao dizer: "Porque **não quero, irmãos, que vocês ignorem o fato de que todos os nossos antepassados** estiveram sob a nuvem e todos passaram pelo mar. [...] Contudo, **Deus não se agradou da maioria deles; por isso os seus corpos ficaram espalhados no deserto. Essas coisas ocorreram como exemplos...**" (1Co 10:1,5-6). Paulo estava escrevendo para uma igreja a partir da experiência do povo israelita, logo depois que eles saíram do Egito. Apesar de ainda não serem uma nação formada, a vida deles, bem como as consequências das suas escolhas, serviam como alerta para a igreja dos dias de Paulo. Portanto, quer sejam as palavras de Paulo escrevendo aos coríntios, ou as palavras de Zacarias dirigindo-se ao seu público, ambos enfatizam que a história não deve ser ignorada. Olhe para a história. Veja o que acontece com aqueles que se rebelam e não seguem os caminhos de acordo com as orientações de Deus.

Na sexta visão de Zacarias, ele diz: "Levantei novamente os olhos, e vi diante de mim **um pergaminho que voava**. O anjo me perguntou:

O que você está vendo? Respondi: 'Vejo um pergaminho voando, com nove metros de comprimento por quatro e meio de largura'. Então ele me disse: 'Nele está escrita **a maldição que está sendo derramada sobre toda a terra: porque tanto o ladrão como o que jura falsamente serão expulsos**, conforme essa maldição'" (5:1-3). Em outras palavras, no pergaminho estava escrito que eles arcariam com as consequências de sua má conduta. Não há nenhum segredo: pode-se escolher andar ou não no caminho de Deus, porém, não se pode escolher a consequência, independentemente do caminho que for escolhido. Na hora de semear é que se define o que e quanto poderá ser colhido, e não na hora da colheita. A hora da colheita é o resultado natural do que se plantou.

Tanto o profeta Zacarias quanto o apóstolo Paulo exortam o seu público a se lembrar do que aconteceu com aquele povo no passado, quando se envolveu em cobiça, idolatria, imoralidade e murmuração. Esta é uma mensagem que traz a pergunta: "Vale a pena o que você tem feito com sua vida? Você está andando no caminho do Senhor ou tem ignorado e desprezado isso? Não é raro, mas é sempre triste, encontrar pessoas que dizem não saber o porquê de coisas que estão acontecendo em sua vida. Nesses momentos, no meu coração, vem o pensamento de que chegou a hora da colheita delas. Quando Paulo escreve em Romanos 6:21, ele diz: "**Que fruto colheram** então das coisas das quais agora vocês se envergonham? O fim delas é a morte!".

Recentemente assisti um programa jornalístico sobre a vida de garotos de programa na França, um país extremamente liberal, com cultura pós-cristã, em que tudo praticamente é aceitável. Achei tristes os testemunhos dos rapazes dizendo coisas como: eu quero esquecer; eu quero passar disso; eu quero ignorar o que eu fiz; eu tenho nojo do que eu fiz. Nenhum deles usou a expressão "culpa", contudo, eles descreviam o lamento pela vida que tiveram ou que ainda levavam. A conclusão da jornalista sobre o assunto foi de que aqueles rapazes têm um passado do qual querem se livrar, e têm o desejo de um futuro diferente do que foi o passado. Não há outra alternativa: aquilo que você plantar, você colherá, mesmo sendo nojo, culpa, arrependimentos ou lamento. É como um perfeito efeito bumerangue, do qual Zacarias quer que aquele povo se lembre. Alguns eram escravos e idólatras do dinheiro, enquanto outros traziam dívidas.

Alguns eram homossexuais ou promíscuos, com lares destruídos ou uma vida sem sentido. Zacarias e Paulo revelam que andar longe de Deus, fora de Seus padrões, não tem vantagem alguma. Antes, é tragédia, desgaste e perda de esperança. Precisamos refletir e lembrar que nossas escolhas de viver longe do plano de Deus não valem a pena.

Por outro lado, apesar de na hora da colheita não ser possível mudar o resultado, é possível começar um novo plantio. Veja o que nos diz o texto: "Por isso diga ao povo: Assim diz o Senhor dos Exércitos: **Voltem para mim, e eu me voltarei para vocês**, diz o Senhor dos Exércitos" (1:3). Em todo tempo, Zacarias traz a perspectiva de que Deus pode mudar a história, por mais trágica que ela tenha sido construída. Como Paulo diz em 1Co 6:9-11, podemos dizer que Deus transforma a vida, e é esse o próximo ponto que quero desenvolver.

SEGUNDA MENSAGEM: A PROMESSA DE RESTAURAÇÃO

A segunda mensagem de Zacarias está relacionada ao que ele diz no seguinte versículo: "Voltem para mim, e eu me voltarei para vocês". É de capital importância que tenhamos sempre em mente que, no coração de Deus, há um viés extremamente voltado para a misericórdia, compaixão, bondade e amor. Deus está sempre pronto para alcançar o pecador, apesar de onde ele estiver. A bem da verdade, ao longo de toda nossa vida — e nunca será diferente disso — a grande razão pela qual permanecemos vivos é a misericórdia e a compaixão de Deus, que sempre estende Sua mão para firmar um pacto amoroso, o qual não merecemos e nunca nos faremos merecer.

Essa chama de amor e bondade provenientes do Senhor não era diferente para aquele povo desobediente e rebelde, que não estava atento a Deus. Já no primeiro capítulo do livro, Zacarias tem uma visão de um homem em um desfiladeiro, montado em um cavalo vermelho, atrás de quem havia cavalos vermelhos, marrons e brancos. Zacarias, sem saber o significado de tudo aquilo, pergunta ao anjo que, por sua vez, lhe esclarece que eles haviam rodeado a Terra, visto a condição da mesma e que a paz estava estabelecida. Em seguida, o anjo faz uma pergunta: "Senhor dos Exércitos, até quando deixarás de ter misericórdia de Jerusalém e das cidades de Judá, com as quais estás indignado há setenta anos?" (1:12). O povo fora rebelde com Deus e, durante 490 anos, não guardaram o *Shabat*, o descanso semanal ordenado por Deus na Lei. Portanto, Deus tomou a Sua medida disciplinar: eles foram levados para a Babilônia, onde permaneceriam por 70 anos, tendo que guardar o sábado à força. Daí a pergunta sobre quando é que o Senhor teria misericórdia de Jerusalém. Eis a resposta: "Estou voltando-me para Jerusalém com misericórdia, e ali o meu **templo será reconstruído**. A corda de medir será esticada sobre Jerusalém, declara o Senhor dos Exércitos. Diga mais: Assim diz o Senhor dos Exércitos: As minhas **cidades transbordarão de prosperidade novamente, e o Senhor consolará novamente a Sião e escolherá Jerusalém**" (1:16-17). Diante da histórica rebeldia do povo, Deus diz que chegou a hora de demonstrar compaixão. O Senhor não apenas estava pronto para despejar Sua misericórdia sobre eles, como acrescenta que o templo seria reconstruído, as cidades transbordariam novamente e eles seriam consolados. O povo, que merecia todo castigo e desatenção de Deus, agora ouve da parte do Senhor que Ele tem, mais uma vez, a prontidão de estender Seus braços misericordiosos.

Na terceira visão apresentada, Zacarias diz que olhou e viu um homem segurando uma corda de medir ou, numa linguagem mais contemporânea, podemos dizer que o homem estava com uma trena na mão. Ao perguntar o que era aquilo, o anjo diz: "Corra e diga àquele jovem: **Jerusalém será habitada como uma cidade sem muros** por causa dos seus muitos habitantes e rebanhos" (3:4). Há uma promessa aqui. A ideia é que a pessoa estava medindo a cidade e levantando dados para que a mesma fosse reconstruída. Deus não somente tem a prontidão de apresentar Sua misericórdia para aquele povo rebelde, mas também diz que reconstruirá a cidade e a nação.

Mais adiante lemos: "Ouçam bem, sumo sacerdote Josué e seus companheiros sentados diante de você, homens que prefiguram coisas que virão: **Vou trazer o meu servo, o Renovo**. Vejam a pedra que coloquei na frente de Josué! Ela tem sete pares de olhos, e eu gravarei nela uma inscrição, declara o Senhor dos Exércitos, **e removerei o pecado desta terra num único dia**" (3:8-9). Havia alguns personagens naquele tempo, tais como Josué, e a revelação diz que Josué prefigura alguém que viria futuramente: "o meu servo, o Renovo". A linguagem que Zacarias emprega no capítulo 3 é uma linguagem comum ao profeta Isaías, pois ele também fala do Renovo e do Servo do Senhor. No capítulo 53 de seu livro, o profeta Isaías fala especificamente do Servo do Senhor e dá detalhes de como seria o Renovo. Ele menciona Sua morte cruel, que só caberia num perfil de morte por crucificação, a qual nem existia na prática em Judá no tempo de Isaías.

Então, quase 200 anos depois, Zacarias traz a mesma mensagem, sobre o Renovo de Deus que, num só dia, removeria o pecado de toda a nação. O que, de fato, ele está anunciando? A morte expiatória que pagaria o pecado de todo o povo de uma só vez. Do que que ele está falando? Da vinda do Messias, que concederia perdão, porque Ele levaria sobre si toda a culpa do pecado. Deus providencia e anuncia que a Sua justiça seria feita e que o perdão chegaria até eles. Nessa ocasião, o profeta se concentra especificamente naquela nação. Todavia, nós sabemos que a morte de Cristo na cruz não foi só por eles, mas por todas as pessoas da Terra. Havia, e ainda há, providência de Deus para perdoar o povo que é ofensor.

Na terceira mensagem, no capítulo 8, encontramos mais palavras que falam de restauração: "Assim diz o Senhor dos Exércitos: Homens e mulheres de idade avançada **voltarão a sentar-se nas praças** de Jerusalém, cada um com sua bengala, por causa da idade" (v.4). A prova da misericórdia e da bondade de Deus com o povo era o fato de existirem idosos pois, se alguém chegou na velhice, o fez pela bondade de Deus. No mundo antigo, a expectativa de vida era muito baixa, menor do que 40 anos. Em tempos de guerra e conflito como eles viviam, então, alguém chegar à velhice era misericórdia de Deus. A ideia aqui é que, quanto mais velho, mais fraco e vulnerável a pessoa se torna, e a autossuficiência é substituída por insegurança.

A promessa do Senhor, porém, descreve uma realidade que pouco se vê nas grandes cidades: o velhinho poderia ir até a praça. Em certa ocasião, eu estava no Egito andando em lugares que me pareciam assustadores e pouco seguros. Entretanto, o amigo que me acompanhava me assegurou de que não havia perigo. Então, eu lhe disse que, se um dia ele viesse ao

Brasil e encontrasse um lugar semelhante àquele, ele poderia ter certeza de que não era um lugar seguro. Quem pode ir a uma praça hoje com segurança? Que velhinho, ou mesmo seus netinhos, estão seguros nas praças de nossas grandes cidades? Na cidade prometida por Deus, eles estariam em segurança a ponto do idoso poder se sentar tranquilo com sua bengala.

Naquele tempo havia também o risco de crianças brincarem na rua. Entretanto, Deus diz: "As ruas da cidade ficarão cheias de **meninos e meninas brincando**. Assim diz o Senhor dos Exércitos: Mesmo que isso pareça impossível para o remanescente deste povo naquela época, **será impossível para mim?** declara o Senhor dos Exércitos" (8:5-6). O Senhor lhes diz que eles seriam abençoados de maneira que meninos e meninas poderiam brincar na rua. Pode ser que você viva uma realidade onde a restauração parece ser impossível. Talvez seja um lar quebrado, com pessoas arrasadas, magoadas, carregadas de culpa etc. No entanto, Deus é um Deus que restaura, e para Ele nada é impossível.

Na primeira mensagem de Zacarias, ele deixou claro que, quando se segue nos caminhos e princípios contrários aos de Deus, arca-se com trágicas consequências. No Salmo 1 lemos: "Como é feliz aquele que não segue o conselho dos ímpios, não imita a conduta dos pecadores, nem se assenta na roda dos zombadores! Ao contrário, sua satisfação está na lei do Senhor, e nessa lei medita dia e noite" (1:1). Feliz não é quem anda conforme os padrões que não são os de Deus. Isto é, quem segue o caminho da impiedade, da iniquidade, da falta de atenção ou da indiferença com Deus. Nesses casos, a consequência é amarga. Zacarias estava relembrando o seu povo disso, e você também precisa saber que, se você já se encontra nessa situação, existe um Deus que é conhecido pela restauração que somente Ele é capaz de fazer.

O Salmo 126 é um desses salmos que passa essa mensagem com intensidade: "Quando o Senhor trouxe os cativos de volta a Sião, foi como um sonho" (v.1). Tanto o salmista quanto os povos que estão à sua volta reconhecem que o Senhor fez coisas grandiosas por eles. O Deus que é apresentado no Salmo 126 é o mesmo Deus que é apresentado por Zacarias, que por sua vez é o mesmo Deus que nos restaura. Você pode entender que sua vida chegou ao ponto final, sentindo que não há mais esperança ou escapatória do grande buraco em que você se encontra. Contudo, Deus está dizendo: "Será impossível para mim? Eu providencio o perdão, a bênção e eu mesmo mudarei a sua realidade". Mesmo que você já tenha cavado a sua própria cova, por causa de uma conduta errada, saiba que há uma saída. Afinal, a característica de Deus é ser misericordioso e compassivo, providenciando o perdão para que Ele mesmo restaure a vida de quem o buscar.

TERCEIRA MENSAGEM: A REVELAÇÃO DA PESSOA DE CRISTO

Vamos para a terceira mensagem. Dentre todos os Profetas Menores, Zacarias é o que mais faz revelações acerca da pessoa do Messias, o Cristo. Nos dias do Senhor Jesus, 500 anos depois, a mensagem de Zacarias estava muito presente. As pessoas conheciam o que o profeta Zacarias falara, tanto que ele era citado. Por exemplo, foi Zacarias quem disse: "Por que os ídolos falam mentiras, os adivinhadores têm falsas visões e contam sonhos enganadores, o consolo que trazem é vão, por isso o **povo vagueia como ovelhas aflitas pela falta de um pastor**" (10:2). Essa figura que Zacarias usa, de um povo aflito vagueando porque não tem pastor, foi também empregada por Mateus. Ao descrever a atenção que o Senhor Jesus dava às pessoas nos seus sofrimentos, Mateus comenta: "Compadeceu-se delas porque estavam aflitas e exaustas, **como ovelhas que não têm pastor**" (Mt 9:36). Ele estava familiarizado com a mensagem do livro de Zacarias, por isso utiliza essas palavras.

Mais adiante, no capítulo 11, Zacarias relata: "E o Senhor me disse: 'Lance isso ao oleiro', o ótimo preço pelo qual me avaliaram, por isso tomei as 30 moedas de prata e as atirei no templo do Senhor para o oleiro" (v.13). Nos dias do Senhor Jesus Cristo, esse texto foi empregado para descrever o que Judas fez. Ele vendeu a informação para que prendessem o Senhor Jesus por 30 moedas de prata. Possivelmente, ele imaginava que Jesus não seria o Messias e que Ele não teria condições de estabelecer o reino de Deus. Entretanto, depois que Judas vende o Jesus, ele se arrepende, pega as moedas e as lança fora no templo. Mateus, ao olhar para aquela história, faz alusão a Zacarias: "Cumpriu-se, assim, a profecia de Jeremias que diz: 'Tomaram as trinta peças de prata, preço pelo qual ele foi avaliado pelo povo de Israel, e compraram o campo do oleiro, conforme o Senhor ordenou'" (Mt 27:9-10). O fato de Mateus falar que são palavras de Jeremias é porque, uma vez que Jeremias foi o primeiro livro dentre os profetas, o conjunto de livros foi também chamado de Jeremias.

O próprio Senhor Jesus tinha o livro de Zacarias aberto no seu coração. Observe essas palavras do profeta: "'Levante-se ó espada contra o meu pastor, contra o meu companheiro!', declara o Senhor dos Exércitos, **'fira o pastor e as ovelhas se dispersarão** e voltarei minha mão para os pequeninos'" (13:7). A revelação de Zacarias trazia que, quando o pastor fosse ferido, aqueles que estavam próximos dele o abandonariam. Quando o Senhor Jesus anunciou aos Seus discípulos que seria preso e que eles o abandonariam, também empregou esta referência: "Esta noite todos vocês me abandonarão, pois as Escrituras dizem: 'Deus ferirá o pastor, e as ovelhas do rebanho serão dispersas'" (Mt 26:31).

O livro de Zacarias está dentro do Novo Testamento, nas citações ou alusões ocorridas nos dias do Senhor Jesus. Contudo, não era apenas isso. Zacarias também trazia detalhes sobre a vinda de Jesus, que ocorreria cerca de 500 anos depois. Veja o que ele diz: "Ouçam bem, sumo sacerdote Josué e seus companheiros sentados diante de você, **homens que prefiguram coisas que virão**" (3:8). O que ele fala sobre essas pessoas não é, propriamente, sobre elas. Elas são somente símbolos de alguém que viria depois. E ele continua: "Vou trazer o meu servo, o Renovo. Vejam a pedra que coloquei na frente de Josué! Ela tem sete pares de olhos, e eu gravarei nela uma inscrição, declara o Senhor dos Exércitos, **e removerei o pecado desta terra num único dia**" (3:8-9). Mais uma vez ele usa a mesma linguagem de Isaías, referindo-se ao Messias, que em grego é *Christós*. Há um servo que Deus enviaria, que seria um renovo naquela nação e que removeria o pecado do povo num único dia. Zacarias está falando sobre a vinda de Cristo, e aqui mais especificamente sobre a morte de Cristo, ocasião em que os nossos pecados foram tomados por Cristo, colocados sobre Ele, e a justiça de Deus foi feita. Zacarias anuncia que o Cristo seria punido em nosso lugar. Ele foi separado por Deus para que a justiça fosse feita naquele momento e, num só dia, todos os pecados dos homens fossem tratados naquela cruz.

Também no capítulo 6, Zacarias nos diz: "Ele construirá o templo do Senhor, será revestido de majestade e se assentará em seu trono para governar. **E ele será sacerdote no trono. E haverá harmonia entre os dois**" (v.13). É interessante que, aqui, o profeta une dois ofícios que normalmente eram de pessoas diferentes: o do sacerdote e o do rei. O ofício do sacerdote tinha a responsabilidade e a função de levar a causa dos homens diante de Deus e fazer os sacrifícios determinados por Deus. Já o ofício do rei era o de governar, referido como "trono". Embora Zacarias não mencione, havia também o ofício do profeta, que era alguém que estava diante de Deus e trazia o recado divino para o povo. Esses três personagens estavam dentro da estrutura da condução do povo de Deus. Aqui, no caso, Zacarias une dois desses ofícios, rei e sacerdote, atribuindo-os a Jesus. Então, temos o Senhor Jesus, rei do Universo, que entregou Sua vida na cruz como um sacerdote que apresenta o sacrifício, o Seu próprio corpo, para que os nossos pecados fossem pagos.

Zacarias continua e, mais adiante, ele diz: "Alegre-se muito, cidade de Sião! Exulte, Jerusalém! Eis que o seu rei vem a você, justo e vitorioso, humilde e montado num jumento, um jumentinho, cria de jumenta" (9:9). Zacarias profetizou a forma como Jesus entraria em Jerusalém, o que aconteceu no domingo de Ramos. Em Sua entrada triunfal por ocasião da Páscoa em que seria morto, o Senhor Jesus, de fato, entrou em Jerusalém montado num filho de jumenta, um jumentinho.

O livro de Zacarias tem verdades e declarações que estavam na mente do povo de Deus nos tempos que Jesus, 500 anos depois, e tem revelações de aspectos específicos da vinda de Cristo. Mas ele revela ainda aspectos específicos da vinda de Cristo. O profeta Zacarias fala de um tempo que ainda não chegou; um tempo que é futuro mesmo para nós, hoje, acerca do retorno que haverá de acontecer do Senhor Jesus Cristo. Sob a perspectiva de quem está em Jerusalém, querendo ver a cidade reconstruída, o profeta diz: "Naquele dia, quando todas as nações da terra estiverem reunidas para atacá-la, farei de Jerusalém **uma pedra pesada para todas as nações**. Todos que tentarem levantá-la se machucarão muito" (12:3). É uma tarefa fácil perceber na história o quanto Israel recebe oposição sistemática, não só de seus vizinhos inimigos, como ao redor do mundo. Israel é um país democrático, pequeno e inexpressivo em termos da sua participação no volume da economia mundial. No entanto, mesmo assim, ele sempre tem oposição, inclusive, como tem acontecido mais recentemente, da Europa. Essa é a realidade deles.

A profecia de Zacarias, contudo, vai muito além do que uma postura adversa. Ele fala aqui que, em certa ocasião, as nações se voltarão para destruir Jerusalém, porém Deus garantirá que não consigam o seu intento, pois será uma tarefa muito pesada. Ao contrário disso, veja o que acontecerá: "Naquele dia **procurarei destruir todas as nações** que atacarem Jerusalém" (12:9). A mensagem é de que haverá uma ação de Deus de proteção daquele povo, independentemente de eles merecerem ou não. O Israel de nossos dias não dá nenhum motivo para ter crédito com Deus. Eles não são fiéis e sim totalmente secularizados. Deus, porém, firmou uma aliança com Abraão, seu antepassado, e, como o Senhor é fiel, Ele manifestará Sua bondade e proteção.

Mesmo que em Israel a oposição à mensagem de Cristo seja uma realidade, Zacarias nos conta algo que faz a diferença. Observe o que ele diz: "E **derramarei** sobre a família de Davi e sobre os habitantes de Jerusalém **um espírito de ação de graças e de súplicas. Olharão para mim, aquele a quem traspassaram, e chorarão por ele como quem chora a perda de um filho único, e lamentarão amargamente por ele como quem lamenta a perda do filho mais velho**" (12:10). Ele descreve que, em ocasião oportuna, o Senhor Jesus se apresentará ao povo de Jerusalém e eles olharão para Jesus identificando que Ele foi vítima dos antepassados e que foi transpassado. Então chorarão, lamentarão e haverá arrependimento e avivamento em Jerusalém. Não um avivamento econômico ou de reorganização da nação, mas um movimento daquele povo voltando-se para Deus e olhando a morte do Senhor Jesus Cristo como deve ser olhada, por causa da ação do Espírito de Deus.

No início do capítulo 13 é dito: "'Naquele dia uma fonte jorrará para os descendentes de Davi e para os habitantes de Jerusalém, para **purificá-los do pecado e da impureza**. Naquele dia **eliminarei** da terra de Israel os nomes dos ídolos, e **nunca mais serão lembrados**', diz o Senhor dos Exércitos. '**Removerei** da terra tanto os profetas como o espírito imundo'" (vv.1-2). O avivamento anunciado por Deus ainda não aconteceu, porém, Deus cumpre o que fala e faz acontecer. Ele acontecerá na ocasião em que o Senhor Jesus Cristo voltar e estabelecer o Seu reino em Jerusalém. Então, "os sobreviventes de todas as nações que atacaram Jerusalém **subirão ano após ano para adorar o rei, o Senhor dos Exércitos**" (14:16). Zacarias não está falando de uma viagem turística em Israel, nem tampouco de uma viagem para você conhecer a geografia e a história relacionadas à nossa fé. Ele está dizendo que Jerusalém ainda será um centro de adoração para a humanidade. Aqueles que creem no Senhor irão até lá para louvá-lo. E aqueles que não creem estarão subjugados debaixo da autoridade do Senhor Jesus Cristo.

O SENHOR SE LEMBRA... VOCÊ SE LEMBRA?
O nome Zacarias significa "Jeová se lembra". O Senhor se lembra, mas e você? Você não pode se esquecer dessa mensagem. A vida fora dos princípios e padrões de Deus não o levará aonde você pensa que levará. Isso é engano e sedução. No entanto, se você já seguiu esse caminho e acha que está num beco sem saída, é importante você se lembrar do seguinte: Deus é misericordioso, compassivo, gracioso, bondoso, amoroso e quer mudar a sua história. Não é porque você chegou nessa condição, que não tem mais saída. Você pode sentir que não há mais esperança ou solução, mas Deus consegue solucionar e tirá-lo da crise na qual você se colocou.

Você também não pode se esquecer de que o Senhor Jesus Cristo já veio para nos resgatar. Quando Ele morreu naquela cruz, pagou pelos pecados de todos nós e está pronto para resgatar e transformar a sua vida. Além disso, ainda temos a promessa de que Ele voltará, e um dia estaremos para sempre com Ele, por toda a eternidade. Não se esqueça disso.

PROFETAS MENORES

מלאכי

MALAQUIAS
O PROFETA PORTA-VOZ DE DISCUSSÕES

NÃO DISCUTA COM DEUS!

Chegamos a Malaquias, o décimo segundo e último dos Profetas Menores. Pelo contexto em que escreve, alguns estudiosos consideram que ele viveu a partir do ano 515 a.C., porém, a maioria reconhece seu trabalho e ensino entre os anos 430 e 400 a.C. O livro começa com uma advertência, o que evidencia um clima tenso. Observe: "Uma **advertência**: a palavra do Senhor contra Israel, por meio de Malaquias" (1:1). Ao longo do livro encontramos seis embates, ou discussões, entre Deus e o Seu povo. Se uma discussão pode não ser agradável, imagine seis e, ainda por cima, com Deus, que conhece nossos argumentos, raciocínio e atitudes.

É possível que você já tenha tido o dissabor de ir para cama após uma discussão com o seu cônjuge. Ou então, no ambiente de trabalho, talvez você já tenha discutido com alguém e, ao invés de conseguirem resolver o problema, vocês discutiram ainda mais e pioraram a situação. Existem falas que são muito comuns nesse tipo de situação: "Você falou isso!"; "Não coloque palavras em minha boca!"; "Mas foi o que você quis dizer!"; "O seu gesto e o seu rosto comunicaram isso" etc. Que discussão que vale a pena? Há um texto de Provérbios que diz: "É melhor viver sozinho no canto de um sótão que morar com uma esposa briguenta numa bela casa" (21:9). Isso é verdade tanto para uma mulher rixosa quanto para um homem rixoso. É desagradável, transforma o ambiente e, no final, se você avaliar bem, reconhecerá que não vale a pena. Muitas vezes a vitória numa discussão vem seguida da percepção de que se perdeu a pessoa ou o amigo. Cria-se um clima desagradável que, muitas vezes, inviabiliza o relacionamento, embora se faça necessário em tantas circunstâncias.

Quando se trata de discutir com alguém investido de autoridade, a situação é ainda mais crítica. Se um soldado discutir com um sargento, por exemplo, será preso. Definitivamente, não dá para discutir com autoridade. Então, quando pensamos no texto de Malaquias, em que as discussões são com Deus, isso torna tudo muito mais sério. Nesses embates, entre Deus e o Seu povo, encontramos considerações e argumentos que cabem perfeitamente em nossos dias. São realidades nossas e reclamações que Deus tem a fazer sobre você e eu. Sendo assim, olhemos para Malaquias pensando nas divergências que o povo de Deus pode ter com o Senhor. Reflita sobre as atitudes que você tem tido que, em vez de permitirem que você desfrute do amor de Deus, têm dado motivo para Ele ser o seu debatedor.

PRIMEIRA DISCUSSÃO: DEUS AMA OU NÃO?

A primeira discussão que acontece dentro do texto é sobre o amor divino. Deus, de fato, nos ama? Essa é uma questão que aparece no coração de muitos. Veja como começa a conversa: "'**Eu sempre os amei**', diz o Senhor. Mas vocês perguntam: '**De que maneira nos amastes?**'" (1:2). A maneira como o povo pergunta "de que maneira nos amaste?" é uma forma de questionar uma realidade e não uma maneira de buscar informação. Trata-se de uma pergunta retórica com o tom de negar a declaração anterior, dizendo "Você não me ama!". Imagine que você dissesse à sua esposa que a ama e ela respondesse: "Ah vá, dá um exemplo do seu amor por mim", ou "Ah tá, então defina amor para mim, por favor". Era exatamente isso o que estava acontecendo aqui. Enquanto o Senhor dizia que sempre havia amado o povo, eles retrucavam com ironia, como se Deus não estivesse falando sério. Na verdade, eles não estavam em busca de uma confirmação do que Deus estava lhes dizendo. Eles eram um povo cínico e debochado que, de maneira sutil, estava criticando a declaração de Deus. Ele, então, usa dois argumentos históricos, fatos conhecidos, para mostrar que os ama.

O primeiro argumento é relativo à eleição. Deus escolheu esse povo para um propósito específico. Sua escolha para formar a nação passou por um dos patriarcas, Jacó, que era gêmeo de Esaú: "'**Não era Esaú irmão de Jacó?**', declara o SENHOR. '**Todavia eu amei Jacó, mas rejeitei Esaú...**'" (1:2-3). Eles eram gêmeos, mas Esaú nasceu primeiro, o que lhe dava certos direitos e privilégios. No entanto, Deus escolheu que Sua promessa e pacto fossem através de Jacó e não de Esaú. Agora toda a linhagem de descendentes de Jacó discute com Deus sobre o Seu amor, por isso Ele argumenta. O Senhor quer mostrar que, lá no início, quando Ele os escolheu como o Seu povo, para que os abençoasse, Ele manifestou o Seu amor por eles.

Deus segue para o segundo argumento, como prova do amor por eles, que é o argumento da preservação. Ele diz: "**mas rejeitei Esaú**. Transformei suas montanhas em **terra devastada** e as terras de sua herança em **morada de chacais do deserto**" (1:3). O que aconteceu com Esaú e sua descendência já foi alvo de nossa reflexão dentro dos Profetas Menores. Eles foram conquistados, suas terras passaram a outros e eles se miscigenaram dentro do contexto de Israel. Deus está lhes mostrando que os edomitas, que seriam a herança de Esaú, praticamente não existem mais, ao passo que os descendentes de Jacó estavam sendo preservados até agora. Deus poderia fazer uma lista imensa de manifestações de amor nas quais preservou e privilegiou o povo ao longo de sua história. Todavia, apesar da imensidão desse amor do Senhor, o povo não queria enxergar. E você? Reconhece o amor que Deus tem por você ou ainda tem dúvidas? Você é grato pelo amor de Deus ou vive se queixando?

SEGUNDA DISCUSSÃO: DESONRAVAM A DEUS?

A segunda discussão que encontramos em Malaquias é sobre honrar e desonrar a Deus. Veja a seguinte declaração e advertência que o Senhor faz: "'O filho **honra seu pai**, e o servo o seu senhor. Se eu sou pai, onde está a **honra que me é devida**? Se eu sou senhor, **onde está o temor que me devem?**', pergunta o Senhor dos Exércitos a vocês, sacerdotes" (1:6). Seria razoável e natural aquele povo respeitar ao Senhor, tratando-o como Ele merecia ser tratado. No entanto, não era isso que eles estavam fazendo. Pelo contrário, Deus diz: "São vocês que **desprezam** o meu nome!" (1:6). A grandeza e a glória de Deus não estavam sendo reconhecidas por eles.

Além de eles desprezarem o Senhor, tratando-o como algo menor, não assumiam isso. Eles achavam que dedicavam a Deus o que lhe era devido, por isso é que perguntam: "De que maneira temos **desprezado** o teu nome?" (1:6). Então, por não reconhecerem o que estavam fazendo, Deus passa a lhes apresentar os sinais de desonra: "Trazendo **comida impura** ao meu altar! E mesmo assim ainda perguntam: 'De que maneira **te desonramos**?' Ao dizerem que a **mesa do Senhor é desprezível**" (1:7). E ainda: "Mas vocês o profanam ao dizerem que **a mesa do Senhor é imunda e que a sua comida é desprezível**. E ainda dizem: '**Que canseira!'** [...] **e riem dela com desprezo**, diz o Senhor dos Exércitos" (1:12-13). Deus especifica a prática que eles tinham de trazer ao altar coisas impuras e que não deveriam ser sacrificadas ao Senhor. Seria como se você estivesse no culto olhando para o seu relógio ou para o seu celular e pensando: "Quanto tempo falta para acabar? Não aguento mais! Uma hora e meia é muito tempo! Quanto falta? Quantas músicas vamos cantar? Quanto tempo mais o pastor vai falar?". Eles desprezavam o culto a Deus e não tratavam o Senhor com a honra, respeito, apreço e amor devidos.

Em termos concretos, qual era a expressão da desonra no altar do Senhor? Observe o seguinte versículo: "Na hora de trazerem **animais cegos** para sacrificar, vocês não veem mal algum. Na hora de trazerem **animais aleijados e doentes** como oferta, também **não veem mal algum**" (1:8). A Lei determinava, claramente, que tipo de animal deveria ser oferecido e qual a condição desse animal. Os sacrifícios deveriam usar animais em perfeitas condições. Eles, porém, traziam animais defeituosos, aleijados, cegos. Não somente isso, mas também entregavam animais roubados: "'...Quando **vocês trazem animais roubados, aleijados e doente**s e os oferecem em sacrifício, deveria eu aceitá-los de suas mãos?' pergunta o Senhor" (1:13). Eles não queriam para si mesmos os aleijados, mas "honravam" a Deus com eles. Eles não sacrificavam do que era seu, mas lesavam alguém a quem roubaram para não terem que dar do seu.

No coração deles havia desprezo, riso e enfado. Por isso, Deus sugere: "'Tentem oferecê-los de **presente ao governador**! Será que ele se agradará de vocês? Será que os atenderá?', pergunta o Senhor dos Exércitos" (1:8). Naturalmente, eles tratariam o governador com mais respeito, honra e consideração. Para Deus, porém, qualquer coisa parecia servir. Então, Deus lhes pergunta: "'E agora, sacerdotes, tentem **apaziguar a Deus** para que tenha compaixão de nós! Será que com esse tipo de oferta ele os atenderá?', pergunta o Senhor dos Exércitos" (1:9). E ainda chega a dizer: "'Ah, se um de vocês fechasse as portas do templo. Assim ao menos não acenderiam o fogo do meu altar inutilmente. Não tenho prazer em vocês', diz o Senhor dos Exércitos, 'e não aceitarei as suas ofertas'" (1:10). Deus sugere que seria melhor que alguém fechasse a porta e lacrasse o portão para que ninguém participasse daquela ofensa a Deus. Nessas condições, o Senhor prefere que não haja culto pois, na verdade, não é culto ou respeito, mas sim um desagravo.

No versículo 11 Deus diz: "'Pois do oriente ao ocidente **grande é o meu nome entre as nações**. Em toda parte, incenso e ofertas puras são trazidos ao meu nome, porque grande é o meu nome entre as nações', diz o **Senhor dos Exércitos**". Ele tem o nome grande. Ele é o Senhor dos exércitos. A maneira como Deus estava sendo tratado era totalmente incompatível com quem Ele é. Portanto, finalmente Deus diz: "...**lançarei maldição sobre vocês, e até amaldiçoarei as suas bênçãos**" (2:2). Aqueles que estavam tratando Deus com desrespeito, desonra e falta de consideração seriam amaldiçoados. Não se esqueça de que, quando tratamos Deus com menos do que a Sua grandeza e dignidade merecem e lhe damos menos do que o que temos para oferecer, isso é ofensa.

Os ouvintes de Malaquias faziam isso, e nós temos nossas maneiras de fazer o mesmo. Lembro-me de uma ocasião em que foi feita uma campanha na igreja para que pais e crianças trouxessem brinquedos para seus filhos brincarem na escola bíblica. Vários pais e crianças participaram. Alguns trouxeram brinquedos novos, porém, também recebemos muitos brinquedos estragados, que eram um lixo. Seria isso diferente do que fez o público de Malaquias? Já que é para Deus, para a igreja, ou para um missionário, então qualquer coisa serve? Isso é uma desonra para Deus! Ele não quer este tipo de culto ou adoração. O que Ele quer, assim como queria daquela nação, é que nós voltemos às origens. Observe: "A minha aliança com ele (Levi) foi uma aliança de vida e de paz, que de fato lhe dei para que me **temesse. Ele me temeu, e tremeu diante do meu nome**" (2:5). Deus aponta para as origens, quando Ele fez o pacto com o povo de Israel. Ele mostra que, quando chamou aquele povo, Ele os chamou para terem honra, seriedade, temor e reverência. Além disso, Deus diz: "Porque os lábios do **sacerdote devem guardar o conhecimento, e da sua boca todos esperam a instrução na lei**, porque ele é o mensageiro do Senhor dos Exércitos" (2:7). Deus espera que o Seu povo conheça a Sua vontade, a Sua Lei, a Sua palavra e a Sua instrução. Ele não quer que nos desviemos dos pilares aqui apresentados. Precisamos honrá-lo e respeitá-lo, ao mesmo tempo em que buscamos conhecer e nos apropriar da revelação de Deus na Sua Palavra.

TERCEIRA DISCUSSÃO: ELES ERAM INFIÉIS A DEUS?

A terceira discussão é sobre a fidelidade a Deus. O Senhor acusou-os de serem infiéis, entretanto, eles não se viam dessa forma. Observe o que Deus diz: "Há outra coisa que vocês fazem: **Enchem de lágrimas o altar do Senhor; choram e gemem** porque ele já não dá atenção às suas ofertas nem as aceita com prazer" (2:13). A maneira como essa frase está construída no hebraico permite-nos ler, claramente, duas possibilidades sobre de quem seriam essas lágrimas. A primeira delas é que poderiam ser as lágrimas dos homens que iam adorar a Deus no culto. No entanto, esse não me parece ser o caso. Eles faziam tantas coisas erradas, e eram tão indiferentes a Deus, que se expressar com orações chorosas diante do Senhor não seria nada condizente com eles.

Já a segunda, e mais provável, possibilidade de interpretação pode ser retirada do versículo que nos diz: "E vocês ainda perguntam: '**Por quê?**' É porque o Senhor é testemunha entre você e a mulher da sua mocidade, pois **você não cumpriu a sua promessa de fidelidade**, embora ela fosse a sua companheira, a mulher do seu acordo matrimonial" (2:14). As lágrimas que chegam diante de Deus são as lágrimas das esposas deles. Eles estão mantendo a tradição religiosa com o culto, os sacrifícios e todo o ritual. Todavia, a maneira como eles tratam suas esposas faz com que elas chorem diante de Deus. Esposas podem chorar sem que seus maridos identifiquem o motivo. Porém, elas também podem chorar por motivos que o marido lhes dá, como: tratamento indevido, indelicadeza, grosseria, falta de consideração etc. Aqui, no caso, o que está sendo enfocado é a infidelidade.

Quando um casal chega no altar, isso não é somente uma cerimônia ou uma união entre o casal. É uma união do casal perante Deus e dentro do projeto de Deus, que definiu a fidelidade mútua no casamento entre um homem e uma mulher. Por isso Malaquias diz: "Não temos todos o **mesmo Pai**? Não fomos todos criados pelo **mesmo Deus**? Por que será então que quebramos a **aliança** dos nossos antepassados **sendo infiéis uns com os outros**?" (2:10). Eles estavam quebrando a aliança com suas esposas, feita diante de Deus. Por essa razão é que elas choravam e enchiam o altar de lágrimas antes de eles irem cultuar.

Ao longo da história, pessoas se casam por conveniência social, por paixão e por sexo. Embora essas questões tenham relevância, o motivo para o casamento é uma ligação de duas pessoas entre si e com Deus. O casal viverá a realidade de uma união com Deus, guiados e capacitados por Ele. Uma vez que esse lar deverá ser referência, que comunica sabedoria à luz da graça e da glória do Senhor, o divórcio não está no plano de Deus. Observe: "'Eu **odeio o divórcio**', diz o Senhor, o Deus de Israel, 'e o homem que se cobre de violência como se cobre de roupas', diz o Senhor dos Exércitos. '**Por isso tenham bom senso; não sejam infiéis**'" (2:16). Aqueles homens estavam abandonando as suas esposas para se casarem com outras mulheres, que, ainda por cima, eram de povos idólatras. Eles estavam sendo infiéis um com o outro no pacto que firmaram diante de Deus. Daí a exortação e acusação do Senhor. A infidelidade da qual Deus os acusa é a infidelidade a Ele mesmo, porém, o fato cometido era a infidelidade contra a esposa.

Na condição de marido comprometido com Cristo, o homem é um agente de Deus na vida de sua esposa, dispensando-lhe cuidado, amor, zelo, carinho, investimento e atenção. Nessas condições, a esposa pode dizer ao marido: "É um privilégio ter vivido com você!". Da mesma maneira, o marido pode dizer sobre sua esposa: "Que privilégio ter vivido esses anos com a mulher com quem eu vivo!". Essa é uma maneira de sermos fiéis a Deus, na medida em que somos fiéis na expressão, no cuidado e no amor que temos pelo nosso cônjuge. Menos do que isso é infidelidade contra Deus.

QUARTA DISCUSSÃO: AFINAL, DEUS É JUSTO?

A quarta discussão era se Deus era ou não justo. Observe o que é dito: "**Vocês têm cansado o Senhor com as suas palavras**. 'Como o temos cansado?', vocês ainda perguntam. Quando dizem: '**Todos os que fazem o mal são bons aos olhos do Senhor, e ele se agrada deles** e também quando perguntam: **Onde está o Deus da justiça?**'" (2:17). Há duas questões presentes aqui. A primeira é: existe certo e errado? Ou: eu posso fazer qualquer coisa? Aquelas pessoas estavam dizendo que, mesmo quem faz o mal, é bom diante de Deus. Para eles, Deus não está preocupado se você fez ou não algo errado, como tratar mal sua esposa, mentir ou roubar. Eles estavam dizendo que Deus trata todos da mesma maneira, e por isso o Senhor reage dizendo que já estava cansado deles.

Além disso, eles também questionavam: "Onde está o Deus da justiça?". Eles achavam que Deus não estava fazendo nada perante coisas que estavam acontecendo. Vivemos em nosso país dias em que não faltam escândalos e revelações de corrupção. A podridão está brotando de Brasília. Talvez você já tenha se questionado: "Onde está o Senhor? Onde está o Deus da justiça? Por que Ele não derrama fogo do céu e consome o planalto?" O público de Malaquias tinha a visão de que Deus não determinava ou definia o certo e o errado, e por isso viviam na impiedade. Todavia, eles deveriam saber que, na ocasião definida por Deus, todos prestarão contas pelo bem e mal que praticaram.

Vamos relembrar de Oseias, outro profeta que já estudamos. Oseias traz para nós duas maneiras como Deus trata os males. Observe: "Sou como uma **traça** para Efraim, como **podridão** para o povo de Judá. [...] Pois serei como um leão para Efraim e como um **leão** grande para Judá. Eu **os despedaçarei** e irei embora; eu os levarei sem que ninguém possa livrá-los" (5:12,14). Deus age da forma como quer e no tempo determinado por Ele. O Seu juízo será como um ataque de leão, rápido e fulminante, que agarra na garganta e acaba com a caça rapidamente. Em outras ocasiões, porém, Deus será como a traça, que come devagarzinho até derrubar toda a casa. Pode ser que você não enxergue Deus sempre como um leão, mas não ouse dizer que Ele não faz justiça.

Seja como o leão, ou como a traça, o Senhor sempre faz justiça e, por fazê-lo, é que Ele anuncia: "'Vejam, **eu enviarei o meu mensageiro**, que preparará o caminho diante de mim. E então, de repente, **o Senhor que vocês buscam virá** para o seu templo; o mensageiro da aliança, aquele que vocês desejam, virá,' diz o Senhor dos Exércitos" (3:1). Ele está falando de um mensageiro anunciado que ainda está por vir e cuja característica será limpar a nação. Por quê? Porque os tempos passam, a sociedade muda, os conceitos sobre Deus mudam, entretanto, Deus não muda.

Observe o versículo 6 do mesmo capítulo: "De fato, **eu, o Senhor, não mudo**. Por isso vocês, descendentes de Jacó, não foram destruídos". O Senhor é imutável. O que Ele diz ser certo, justo e verdadeiro sempre será certo, justo e verdadeiro. As nações podem oscilar, os homens podem progredir com a tecnologia, ou grandes obras podem ser construídas. No entanto, Deus nunca muda e, a Seu tempo, Ele julgará. A sociedade pode dizer que os tempos e a moral mudaram, e que hoje não podemos pensar como dois mil anos atrás. Lembre, porém, que, em termos de moral, a sociedade oscila. Ora cultiva bons valores, ora ela os abandona em busca do seu prazer e cai numa vida de desordem, como a que vivemos hoje no ocidente. Somente Deus não muda. Aquilo que Ele estabelece é verdadeiro. Não se engane achando que você pode mudar Deus, ou que qualquer coisa em termos do que fizer será aceitável por Ele. Acerte sua vida com Deus!

QUINTA DISCUSSÃO: O POVO ROUBAVA A DEUS?

Além disso, há em Malaquias uma quinta discussão, a partir de uma acusação que Deus faz, dizendo que o povo o roubava: "'Desde o tempo dos seus antepassados **vocês se desviaram dos meus decretos e não os obedeceram. Voltem para mim e eu voltarei para vocês**', diz o Senhor dos

Exércitos. Mas vocês perguntam: '**Como voltaremos? Pode um homem roubar de Deus?**' **Contudo vocês estão me roubando**. E ainda perguntam: '**Como é que te roubamos?**' **Nos dízimos e nas ofertas**" (3:7-8). Desde os tempos antigos, mesmo antes da lei de Moisés, era um princípio no mundo antigo que se usasse de 10% da sua receita para dedicar a Deus. Quando Moisés apareceu, ele colocou isso na Lei de uma maneira muito detalhada, dizendo como e para que se deveria dar os dízimos, que eram três.

Dez por cento era dado na casa do tesouro, que era no Templo, para ser utilizado com a manutenção da nação de Israel, sua administração e a manutenção do culto. A nação era uma teocracia que havia sido estabelecida por Deus. Assim, este dízimo equivalia em parte à contribuição para o estado teocrático e, em outra parte, seria o equivalente aos impostos da nação e às contribuições do povo de Deus com a Sua obra. O segundo dízimo era uma poupança que eles faziam. Este era levado à casa do tesouro e utilizado quando eles fossem fazer viagens a Jerusalém para as festas de adoração estabelecidas por Deus. Havia ainda um terceiro dízimo, que era dado de três em três anos, destinado à assistência social.

As contribuições que eles deveriam entregar no Templo, então, serviriam para sustentar a obra de Deus. O próprio Senhor pede: "**Tragam** o dízimo todo ao depósito do templo, para que **haja alimento em minha casa**..." (3:10). O povo, entretanto, não estava preocupado com a obra de Deus. Eles estavam preocupados com a troca do carro, a melhoria na casa, suas compras, suas viagens etc. Deus não entrava no orçamento deles. Mesmo assim, Deus os desafia, encoraja e faz promessas motivadoras: "'**Ponham-me à prova**', diz o Senhor dos Exércitos, 'e **vejam** se não vou abrir as comportas dos céus e **derramar sobre vocês tantas bênçãos** que nem terão onde guardá-las'" (v.11). Em outras palavras, Deus estava dizendo que, se eles começassem a investir na Sua obra, eles provariam do Seu cuidado. Com certeza Deus pode viver sem a sua oferta. Você, porém, não pode viver uma vida cristã genuína sem ofertar. Faz parte da responsabilidade do povo de Deus a contribuição com a obra do Senhor. E se você não faz isso, se iguala às pessoas que roubavam o reconhecimento da graça e bondade de Deus, através da não contribuição.

SEXTA DISCUSSÃO: OFENDIAM A DEUS

Por fim, a sexta e última queixa apresentada é que aquele povo ofendia a Deus. Em um ambiente onde existe discussão, naturalmente alguém sai ofendido. Quando se trata de Deus ser o ofendido, saibamos que Ele não é "casca de ferida", supersensível, que se ofende por qualquer coisa. Esse não é o caso de Deus. No entanto, isso não significa que Ele nunca se ofende. Veja o que Ele diz: "'**Vocês têm dito palavras duras contra mim**', diz o Senhor. Ainda assim perguntam: '**O que temos falado contra ti?**'" (3:13). Deus identifica as ofensas daquele povo como palavras duras e, mais uma vez, eles não viam assim.

O Senhor continua e diz: "Vocês dizem: '**É inútil servir a Deus. O que ganhamos** quando obedecemos aos seus preceitos e andamos lamentando diante do Senhor dos Exércitos?'" (3:14). Talvez você já tenha pensado que não vale a pena ser crente. Afinal, você tem que fazer tudo certo e, se não andar corretamente, terá a disciplina de Deus. Ou então, talvez você já tenha sentido que o fato de se identificar como cristão lhe trouxe consequências ruins e você não vê vantagens em servir a Deus. É isso o que aquelas pessoas estavam dizendo: "É inútil servir a Deus. O que ganhamos?". Por conta desse pensamento, no versículo seguinte elas dizem: "Por isso, agora **consideramos felizes os arrogante**s, pois tanto prospera o que pratica o mal como escapam ilesos os que desafiam a Deus" (3:15). Para eles, parecia interessante levar a vida do ímpio e arrogante, que não considera a Deus. Seria o mesmo que disséssemos hoje que queríamos estar na condição dos corruptos no poder.

Esse é um pensamento pelo qual todos nós podemos passar em momentos de carnalidade, onde perdemos a perspectiva da razão por que estamos neste mundo e acabamos focados no dinheiro que ganharemos, no patrimônio que podemos acumular etc. Nessas condições, é possível pensar que é perda de tempo servir a Deus e concluir, equivocadamente, que felizes são os ímpios cheios de poder e dinheiro. O salmista Asafe, no Salmo 73, trabalha com essa questão bem de perto. Ele estava com inveja dos ímpios e diz: "Quanto a mim, os meus pés quase tropeçaram; por pouco não escorreguei. Pois **tive inveja dos arrogantes quando vi a prosperidade desses ímpios**" (vv.2-3). Então, ele conclui equivocadamente: "**Certamente me foi inútil** manter puro o coração e lavar as mãos na inocência" (v.13). Se alguém piedoso como esse salmista passou por essa tentação e conclusão equivocada, nós também estamos sujeitos a isso. Basta sermos honestos como ele foi ao relatar sobre a tentação. Quem sabe dessa forma, poderemos tal como ele dizer: "até que entrei no santuário de Deus, e então compreendi o destino dos ímpios" (v.17). Há um momento em que ele atina, percebe que a vida de impiedade é um engano e que a consequência dela é a destruição.

Se levarmos uma vida mais ou menos e tratando a Deus de um jeito mais ou menos, a satisfação de andar com Deus também será apenas mais ou menos. Quem leva este tipo de vida, fatalmente chega à conclusão de que não vale a pena viver nos princípios do Senhor. Ou de que a vida é injusta e melhor seria viver como os ímpios e perversos, para quem parece que nenhum mal acontece apesar das injustiças que eles cometem. Onde você está? Está levando Deus a sério? Ou você tem uma disputa com Deus?

DEUS NÃO MUDA

Como vimos, há seis discussões entre Deus e o Seu povo ao longo do livro de Malaquias. Mas e você? Também está em disputa com Deus, desentendendo-se com Ele? Deus nos ama e espera que o honremos. O Senhor quer que o seu casamento seja uma manifestação do amor de Deus na vida do seu cônjuge e dos seus filhos, através da expressão de bondade, paciência, cuidado e respeito dentro de casa, para que eles também reconheçam esse amor. Isso é fidelidade a Deus, e o inverso é infidelidade. Não faça como aquele povo e discuta com Deus. Não brinque com o Senhor, pois Ele é justo. Quando alguém negligencia esses princípios, ofende a Deus, mesmo Ele não sendo ultrassensível, e isso acontece com custos para aquele que assim age.

"Durante manobras de navios americanos na costa canadense o seguinte diálogo foi capitado e gravado pela CIA. O capitão de um navio americano estava perto da costa canadense quando avistou uma luz distante e resolveu enviar um rádio:

—Aqui é o capitão J. Smith. O curso do seu navio está em rota direta com o nosso. Favor alterar o seu curso 15 graus para norte. Câmbio.

O canadense respondeu:

—Vocês é que estão em rota de colisão conosco. Alterem o seu curso 15 graus para sul.

O capitão americano ficou irritado e retrucou.

— Nós é que exigimos que vocês alterem seu curso 15 graus para o norte.

O canadense insistiu:

—Alterem o seu curso 15 graus para sul.

O capitão ficou irritadíssimo e mandou:

—Aqui é do USS Lincoln, o maior porta aviões de guerra do Atlântico Norte, da marinha americana. Estamos em comboio com mais duas fragatas, dois destroyers e numerosos navios de apoio. Nós exigimos que vocês mudem seu curso 15 graus para norte. Estamos preparados para tomar todas as contramedidas que forem necessárias para garantir a segurança do comboio. Câmbio.

E o canadense respondeu:

—Aqui é o Farol. Câmbio."

Algumas vezes é exatamente isso que estamos fazendo com Deus. Queremos que Ele mude o Seu curso para se adequar ao nosso. Todavia, Deus foi enfático no livro de Malaquias em afirmar que Ele não muda! O que Ele estabeleceu, está estabelecido. O que Ele diz ser certo, sempre será certo. E o que Ele diz ser errado, sempre será errado. O que o Senhor demandar é o que vale para nossas vidas. Ele não muda. Somos nós que precisamos mudar o nosso curso. Essa é a lição de Malaquias.

CONCLUSÃO

Passar pelos Profetas Menores é uma peregrinação na história por diferentes reinos, povos e nações; uma peregrinação no tempo por séculos, desde o séc. 9 a.C. até o séc 5 a.C.; uma peregrinação com guias, que são os autores dessas obras tão antigas; uma peregrinação através de culturas desconhecidas a nós com seus costumes, formas de pensar e símbolos que nos são estranhos. Cruzar essa ponte de até quase três mil anos superando os abismos da história, geografia, cultura e idioma tem sido um desafio. No entanto, um desafio prazeroso por me permitir garimpar na antiguidade para extrair as verdadeiras pedras preciosas da mensagem de Deus ao homem em seus caminhos rebeldes.

A jornada com esses profetas foi uma grande oportunidade de sermos introduzidos no pensamento, nos valores, na ética, no poder e nos princípios de Deus. Nosso tempo é caracterizado por valorizar a popularidade nas redes sociais, a fama e a estética, preterindo quem tem a autoridade e pode trazer conhecimento. Os Profetas Menores trouxeram grande luz no conhecimento de Deus, que é justo, mas amoroso; disciplinador, mas que sempre dá esperança; verdadeiro e direto, mas sempre pronto a ser terno e restaurador.

Na caminhada com os Profetas Menores, tendo Deus diante dos nossos olhos, também tivemos a oportunidade de conhecer a nós mesmos. Nada melhor do que nos definirmos e nos entendermos à luz daquele que nos criou, que estabeleceu o propósito para a nossa vida e que insiste em nos buscar e nos amar. Nesta caminhada, quantas vezes vimos reverberar as palavras dos profetas em nosso próprio coração? Fomos repreendidos, confrontados, questionados e exortados por reproduzirmos atitudes e atos de um povo recorrentemente obstinado, rebelde e indiferente!

Entretanto, os Profetas Menores também sempre deixaram a mensagem de que mesmo o mais perverso e cruel assírio poderia desfrutar da misericórdia de Deus. Ou de que a infiel e vulgar Gômer seria abraçada pelo amor de Deus. Vimos um povo que, mesmo desanimado e desatento a Deus e Seus propósitos, foi encorajado a obedecer e a colher a intervenção divina auxiliando-os a cumprir com o que lhes cabia e ainda ser beneficiado com Seu amor e bênção.

A mensagem dos Profetas Menores é, por um lado, a mensagem dos anônimos, desconhecidos e menores. Por outro lado, porém, ainda que possa ser desconhecida e ignorada, é a mensagem do Deus Maior. Portanto, depois de termos caminhado com esses homens e tomado conhecimento de sua mensagem, que na verdade é a mensagem de Deus, temos um desafio maior.

Tiago, o irmão do Senhor Jesus disse: "Sejam **praticantes** da palavra, e não apenas **ouvintes**, **enganando** vocês mesmos" (Tg 1:22). Não podemos nos limitar a sermos ouvintes ou leitores. Por mais que possa ser prazeroso conhecer o pensamento, os fatos da história e a eloquência dos profetas, restringirmo-nos a isso é autoengano. Esse tipo de atenção pontual à mensagem de Deus, sem continuidade, não é o desejado e planejado por Deus, além de ser seguido pelo esquecimento. Como ainda diz Tiago: "Aquele que ouve a palavra, mas não a põe em prática, é semelhante a um homem que olha a sua face num espelho e, depois de olhar para si mesmo, sai e logo **esquece** a sua aparência" (vv.23-24). Esse foi o problema do público dos Profetas Menores. Eles se esqueciam, seus corações se endureciam, tornavam-se rebeldes e caíam da graça e da bondade de Deus.

Meu desejo é que Deus o faça um ouvinte que registra no coração a mensagem de Deus e o torne um operoso praticante, tal como é dito em Tiago: "Mas o homem que **observa atentamente** a lei perfeita, que traz a liberdade, e **persevera na prática** dessa lei, não esquecendo o que ouviu mas praticando-o, será feliz naquilo que fizer" (1:25). A mensagem desses profetas deve ser alvo de consideração atenta ao que ensinaram. Deve-se tomar conhecimento e ter familiaridade com o seu ensino. Deve-se estar acompanhado do propósito de mudar de vida, seja para interromper o que é necessário parar de fazer, seja para passar a fazer o que é devido. Desta forma, a bênção de Deus estará sobre cada um dos Seus.

Por fim, devemos estar certos de que, mais do que simplesmente ser o povo de Deus, Ele quer que o Seu povo acerte. Por isso, Deus alimenta nosso desejo de andar em Sua vontade, tira o desejo de fugirmos dela e nos capacita a andar dentro dessa vontade.

A Ele seja toda Glória!

CRONOLOGIA DOS
PROFETAS MENORES

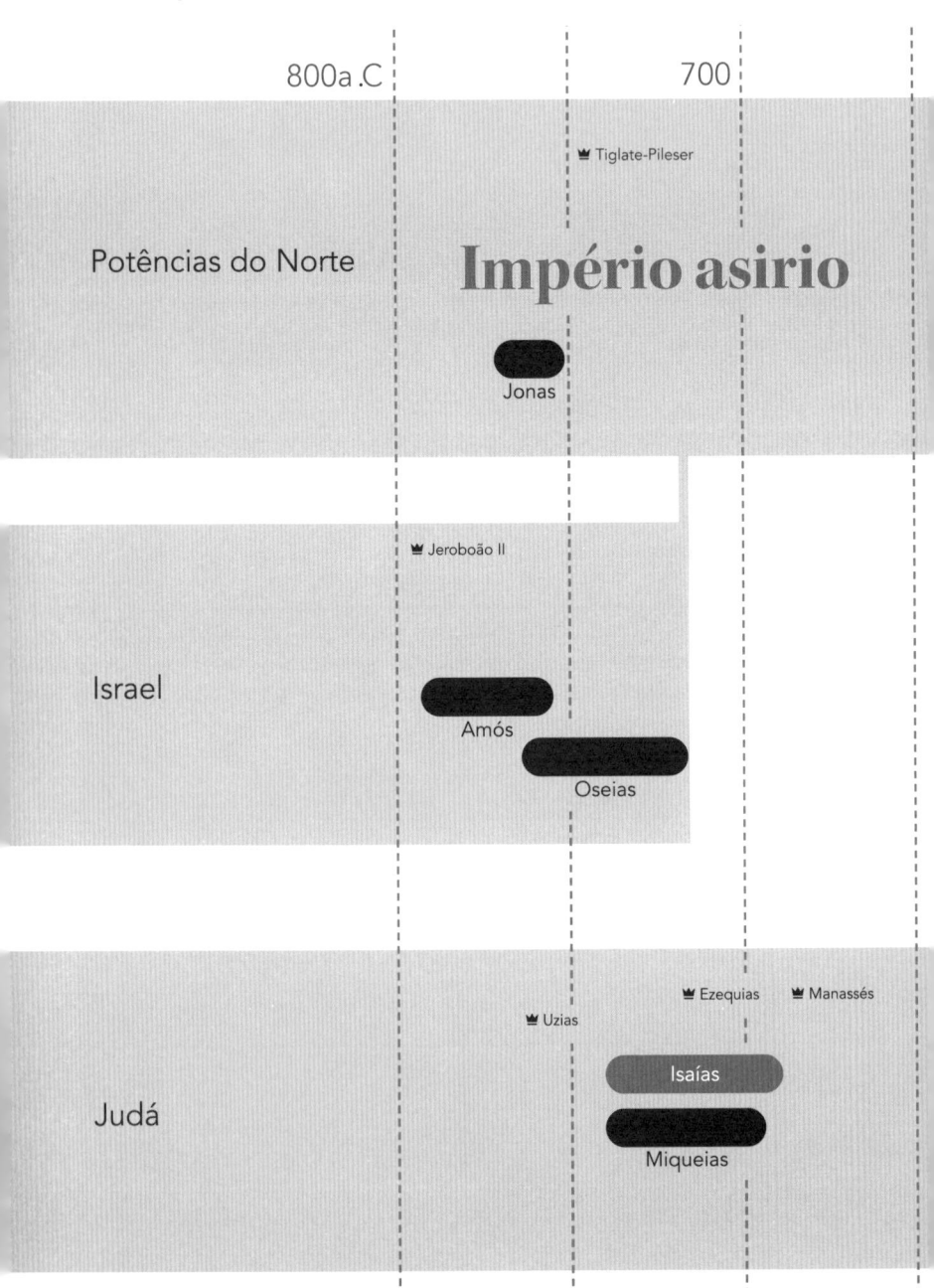

800a.C — 700

Potências do Norte

♛ Tiglate-Pileser

Império asirio

Jonas

Israel

♛ Jeroboão II

Amós

Oseias

Judá

♛ Uzias ♛ Ezequias ♛ Manassés

Isaías

Miqueias

| 600 | 500 | 400 |

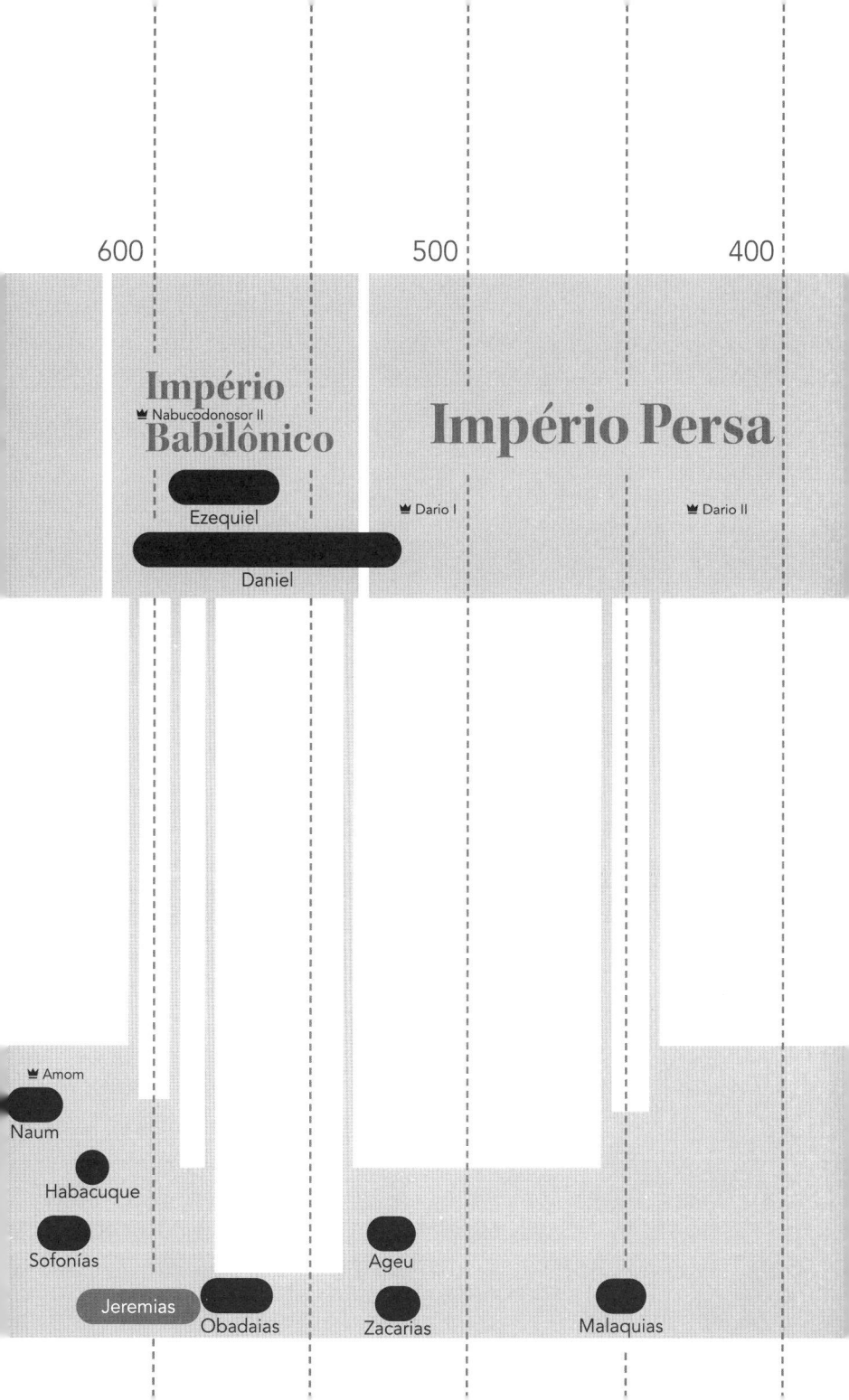

Império Babilônico
♛ Nabucodonosor II

Império Persa
♛ Dario I ♛ Dario II

Ezequiel

Daniel

♛ Amom

Naum

Habacuque

Sofonias

Jeremias

Obadaias

Ageu

Zacarias

Malaquias